La Blessure mal fermée

IL A ÉTÉ TIRÉ DE CET OUVRAGE

5 EXEMPLAIRES SUR PAPIER DU JAPON

NUMÉROTÉS DE 1 A 5

50 EXEMPLAIRES SUR PAPIER DE HOLLANDE

NUMÉROTÉS DE 6 A 55

GEORGES DUCROCQ

La
Blessure mal fermée

NOTES D'UN VOYAGEUR
EN ALSACE-LORRAINE

PARIS

LIBRAIRIE PLON

PLON-NOURRIT et C¹ᵉ, IMPRIMEURS-ÉDITEURS

8, RUE GARANCIÈRE — 6ᵉ

A Léon Souguenet

et Louis Dumont-Wilden.

METZ

Nous avez-vous abandonnés, anges gardiens
de la patrie ?

        Alfred de Musset.

L'hôtellerie où nous étions descendus à Metz, aurait pu
s'appeler *A l'Écu de France* ou bien *Au Soleil d'or*. Dans sa
grande cour pittoresque, au milieu de bâtiments ogivaux,
débris d'une ancienne abbaye, les carrioles rustiques des environs faisaient des entrées sensationnelles ; chaque fois qu'un
nouveau coche franchissait la grille, des garçons, bien dressés,
arrêtaient les chevaux et commençaient à dételer, tandis que
l'hôtesse s'avançait avec des paroles aimables, aidant les voyageurs embarrassés dans leurs paquets, et leur faisant accueil
comme dans nos bonnes auberges d'autrefois. La cuisine exha-
lait un parfum succulent : des salmis, des carpes au bleu, des
perdreaux et des écrevisses chauffaient dans des bassines de
cuivre et l'on sentait trembler sous ses pas les voûtes d'une
cave ancienne et respectable, remplie de ces vins légers,
dorés, émoustillants, ces vins de la Moselle qu'Ausône a chan-
tés, que nous buvons avec délices et qui ont toujours délié la
langue des Gaulois.

La cathédrale, par-dessus les toits formidables des greniers,
anciennes granges de la cité, lève son ombre immense. Comme
le splendide vaisseau domine heureusement cette vieille cour,

sa contemporaine, où nous voyons encore, sculptées au tympan des portes de l'écurie, des saintes du moyen âge qui bataillent contre des dragons! Ainsi, quand la bonne chère risquait d'appesantir nos âmes, les cloches de la grande église, ses verrières illuminées, son architecture spirituelle, svelte, élancée, nous rappelaient que Metz est une ville de prière, de souffrance et de résignation.

Nous avons parcouru les rues en pente du vieux Metz, dédale extraordinaire, enchevêtré de curieuses maisons serrées l'une contre l'autre, comme l'on imagine à Waterloo les derniers carrés de la Garde. C'est là que s'abritent les suprêmes résistances d'un peuple débordé. À Metz, l'indigène compte pour presque rien. Les Allemands ont tout submergé. L'étranger, le passant qui ne visite que les alentours de la gare, le périmètre des nouveaux boulevards et les grandes rues marchandes, en conclut hâtivement que Metz est germanisé. Puis il reprend le train parce qu'il s'ennuie. Il n'a pas vu le cœur de Metz.

Oui, tout est blessant pour nous dans cette ville défigurée. On y souffre cruellement, on y ressent, à chaque minute, l'impression d'une douleur sourde, cuisante, irritante. Chaque visage charmant qui passe et vous regarde réveille en vous comme une affreuse honte. Le contraste est vraiment trop choquant entre cette population polie, fine, élégante, et les rustauds vainqueurs, dont la botte résonne sur le pavé; entre les vieux Messins, modestement logés dans des maisons sans falbalas, et les nouveaux Messins, parvenus insolents, bâtisseurs de palais, barbares triomphants. Il se joue dans les âmes un drame émouvant et personne n'en sait rien, parce que Metz est bâillonné, parce que Metz a l'ordre de se taire et que les accès de franchise et les confidences aux journalistes ont toujours coûté cher aux patriotes messins. Ainsi, en plein vingtième siècle, il existe des captifs murés dont nul n'entend la voix.

Leur résistance est d'autant plus admirable. Qui s'occupe d'eux ? Qui songe à eux ? Cependant, rien n'abat leur ténacité. Voici une volée de collégiens qui sortent de la « Réale » ; ils s'ébattent sur la place de la Comédie où le soleil caresse encore les nymphes d'une fontaine française, ils courent le long des quais, ils franchissent les vieux ponts ; on ne voit, vers midi, dans les rues, que des casquettes jaunes, rouges, vertes, bleues qui ressemblent à un régiment allemand. Ne vous y fiez pas ; écoutez leurs éclats de rire. Ce matin, le proviseur, d'un ton doctoral, leur a formellement défendu de faire partie de cette « Lorraine sportive », où toute la jeunesse messine est en train de s'enrôler. « C'est une société qui travaille contre le gouvernement », a dit M. Asmus avec conviction. Et maintenant qu'ils sont loin de la férule du maître, ces jeunes Messins s'amusent de sa fureur comique... Avec cela qu'ils s'en priveront de faire partie de la « Lorraine sportive » ! et pas plus tard que demain !

Cette société dont les Allemands ont une si grande frayeur est tout simplement une union de gymnastes qu'on laisserait vivre en paix s'ils n'avaient des clairons. Car ils ont des clairons et ils prétendent les faire sonner. Voilà leur crime. Sonner de la trompette à la manière allemande, triste et lugubre, comme on l'entend soir et matin dans les casernes de Metz, à la bonne heure ! mais sonner du clairon à la française, vivement, crânement, en donnant le coup de langue sec et sonore, voilà qui est intolérable. Les oies qui veillent au salut de l'Empire ont poussé des clameurs de détresse quand, pour la première fois, les gymnastes ont défilé dans les rues de Metz, clairons sonnants.

Il est vrai que ce fut un succès inouï, cette première sortie de la jeune troupe en uniforme flambant neuf. Aux accents bien connus, la ville était sur pied et les gymnastes avançaient dans la rue Serpenoise au milieu d'un flot noir d'enthousiastes déchaînés qui avaient oublié toutes les règles de la prudence lorraine. Des vieillards qui ne mettaient plus le nez à la fenêtre, réveillés par ces cuivres chantants, ouvraient toutes grandes leurs croisées. Ah! la jolie musique gaie et libératrice! ces vieux airs, ces pas redoublés que tout Messin siffle et fredonne, qu'il était bon de les réentendre en plein soleil, lancés par des lèvres jeunes! La vareuse bleue des gymnastes, leurs képis, leurs jugulaires, leurs culottes blanches et leurs galons augmentaient l'illusion. Et voilà que ce vieux Metz, que chacun croyait engourdi du sommeil de la mort, se réveille, descend dans la rue, emboîte le pas au bataillon. En avant! le clairon sonne. On traverse la cité d'un pas accéléré, on traverse les campagnes et les villages qui tressaillent, on va jusqu'à la frontière pour que les sons du clairon soient entendus là-bas. C'est ainsi qu'une promenade inoffensive tourne en manifestation, tant le patriotisme des Messins, refoulé, meurtri, n'attend qu'une étincelle pour se ranimer.

Les maîtres de l'Alsace-Lorraine, quand ils assistent à des explosions de ce genre, sont stupéfaits. Ils se croyaient tellement aimés, chéris. Ces Lorrains sont décidément un peuple bien ingrat : on leur a construit une ville neuve, une belle gare, un portail de cathédrale avec des prophètes tout spéciaux ; mais les gaillards, incorrigibles, à la musique de Wagner préfèrent encore « la goutte à boire » ou « la casquette du Père Bugeaud ». Mauvaises têtes de Franzoses !

La manière douce du comte de Zeppelin, préfet de la Lorraine, ayant échoué, il est à présumer que Metz aura bientôt un homme à poigne (« Pan-pan », disent les Messins) dans ce charmant hôtel de la Préfecture, dont les vieux catalpas, penchés sur la Moselle, invitent leur propriétaire à l'indulgence. En attendant, le gouvernement est fort embarrassé. Dissoudre la jeune et vibrante société, on le voudrait, mais on n'ose [1]. On se contente d'interdire les sonneries de clairons dans les rues de Metz et la « Lorraine sportive » a défilé l'autre jour, avec ses clairons enrubannés de crêpe, les lèvres sur l'embouchure et le pavillon silencieux, comme dans la revue nocturne de Raffet. Cette fois, la foule immense qui les accompagnait était triste et mécontente, l'on voyait des fronts en colère et des larmes qui coulaient.

Ainsi, après quarante ans de servitude et, comme ils disent, « d'assimilation », l'Allemagne en est à redouter qu'une sonnerie, qu'une marche guerrière ne réveille les morts.

A ces morts la Lorraine et le pays messin ont voué un culte passionné. Il n'y aura bientôt plus de commune lorraine qui n'ait son monument et son service funèbre pour les soldats français tombés en 1870. Ici l'on voit que leur sacrifice ne fut pas inutile. Autour de leurs ossements une religion s'est formée. La Lorraine a toujours eu le culte des défunts. C'est une magnifique race qui sait le prix d'un bouquet de fleurs sur une tombe. Mais jamais sépultures ne furent entourées de soins, de prières et d'amour comme celles de nos soldats. Les Dames de Metz ont su grouper autour des monuments qu'elles ornent chaque année un faisceau de sympathies. Le « Souvenir Français », dirigé par un homme de cœur, M. Jean, de Vallières, compte des milliers d'adhérents dans tout le pays.

Même sur ce terrain où la piété et les larmes commandent

_____

1. On a osé. La « Lorraine sportive » est dissoute. M. Samain, son président, a été condamné à six semaines de prison.

le respect, le gouvernement a entrepris de lutter contre le sentiment populaire. Il interdit les discours au cimetière, si bien que chaque cérémonie est aujourd'hui accompagnée d'une réunion privée heureusement possible grâce à la loi sur les associations. M. Jean n'a pu prononcer un mot à Noisseville cette année et la livrée des gendarmes attriste maintenant chaque fête du Souvenir Français. On pourchasse implacablement les rubans tricolores piqués sur les couronnes. Enlevés de jour ils sont remis nuitamment. Mais la campagne séditieuse fait pousser au bord des fossés coquelicots, marguerites et bleuets, et les Allemands commencent à comprendre que, sur ce sol gaulois où la terre elle-même proteste contre leur présence, ils ne seront jamais que des visiteurs et des passants qui n'ont pas su se faire aimer.

Dans le conflit des races auquel nous assistons en Lorraine, il est fatal que l'Allemand succombe. Pour assimiler une population aussi indomptable sous des dehors aussi tranquilles, il faudrait une main de velours ; mais la plupart des pangermanistes que l'on expédie en Alsace-Lorraine méconnaissent la fierté ombrageuse de l'habitant, le froissent, l'irritent par des mesures mesquines où il ne reconnaît ni la clémence ni la magnanimité d'un vainqueur.

Qui peut prévoir la fin de ce duel ? Nos frères du pays annexé n'ont qu'un désir : ils veulent maintenir ce qui existe, ils veulent selon la devise d'un des leurs, Praillon, endurer pour durer.

En gagnant le monument de Noisseville, nous avons croisé un groupe de paysannes en costume de travail. Elles se sont approchées avec nous du piédestal où se lit l'inscription : *Aux soldats français morts glorieusement au champ d'honneur.* Sous la hâlette, je regardais leurs figures sèches, avisées, opiniâtres. Elles lisaient lentement les mots gravés sur le granit et ces mots, redits par elles, dans cet air lorrain pur et sonore qui porte loin, avaient un accent de noblesse étonnant. Des Bretonnes se seraient agenouillées. En Lorraine, la dévotion est plus rude. Elles ont fait leur prière debout. Dans le silence d'un magnifique après-midi d'automne, c'était une chose admirable que ce concert de voix françaises qui s'élevait après quarante ans, aussi ferme, aussi net que le lendemain de l'annexion.

LA VILLE MILITAIRE

Un maréchal de France ne se rend point;
on ne parlemente pas sous le feu!

Maréchal Ney.

L'atmosphère de Metz est pesante pour un Français. On dirait que l'air manque dans ces petites rues de ville forte qui se croisent comme des chemins de ronde. Mais, plus que la poussière et le ciel étouffant, ce sont les souvenirs qui oppressent. A chaque pas, l'histoire de France se lève devant nous.

Sur la place d'Armes, le maréchal Ney préside aux évolutions des troupiers allemands. Il les regarde du haut de son piédestal comme de vieilles connaissances. C'est là, sur ce terre-plein et devant l'ancienne caserne du génie dont les portes sont richement décorées de vieux trophées à la française, shakos, gibernes et bonnets à poil sculptés dans la pierre, que chaque matin les soldats s'exercent. Ils apprennent à viser, à tendre la jambe, à pivoter, à marcher au pas, à courir, à garder l'alignement, à virevolter avec toute la désinvolture dont ils sont capables. Sous les fusils braqués, les passants hâtent le pas et les gamins s'extasient devant les capotes grises, les buffleteries éblouissantes et le casque miroitant des officiers. Le maréchal Ney, le fusil au bras, dans cette immortelle attitude où nous l'apercevons depuis la retraite de Russie faisant le coup de feu comme un simple grenadier, regarde d'un œil impassible ces marches et contre-marches méthodiques et pesantes.

Strasbourg a Kléber, Colmar a Rapp, Metz a Ney. Ce soldat de Lorraine, fils d'un petit tonnelier de Sarrelouis, prodigieux exemple de ce que peut le mérite personnel et l'énergie d'un homme, est le héros de prédilection, le modèle du peuple messin. Les petits écoliers auxquels on enseigne la gloire de Bismarck lèvent encore sur le Brave des braves un regard d'admiration. Les Messins qui servent sous les drapeaux français — et ils sont innombrables — se remémorent souvent la statue de bronze de leur vieille place Royale et leur grand maréchal, beau comme un saint Michel, chevalier sans peur et sans reproche, à qui l'on pouvait confier une arrière-garde et qui sauvait les débris d'une armée.

Si les clairons ont une âme, ceux qui sonnèrent les victoires de Napoléon résonnent encore aux oreilles du guerrier et charment ses nuits solitaires. Le temps n'est plus où les grognards de la Garde, passant à Metz et marchant sur Iéna, changeaient de chemise sur la place d'Armes au grand effroi des vertueuses Messines. Une armée tirée à quatre épingles pirouette aujourd'hui sous l'œil farouche du prince de la Moskova. Il s'endort chaque soir au son acidulé des fifres, au glas des trompettes qui ne chantent plus clair. Mais la nuit, seul sur la place, il écoute la rumeur du passé, l'éternel et rude chant de guerre qui monte des collines et la voix de ses camarades, soldats de l'Empereur, qui dorment dans les cimetières de Metz, dans la plaine, sur les coteaux, et dont les petits-fils, tout en rongeant leur frein, se content les étonnantes chevauchées, les galops vainqueurs sur la Prusse de 1806.

Une vieille Messine, de celles dont les yeux brillent quand on leur parle de Metz, débarquait récemment à la gare et se dirigeait vers la porte Serpenoise. Elle fut tout étonnée de ne plus trouver ses vieux remparts debout. Au lieu des fossés remplis d'eau, des grands murs altiers, des ponts-levis et des voûtes qu'il fallait franchir pour entrer en ville, elle apercevait un boulevard en herbe, semé de baliveaux, et une porte restaurée, coiffée d'un chapeau vert, isolée sur une grande place comme une orpheline. A l'endroit où les fortifications de Vauban, couronnées de grands arbres, se coupaient à angle droit et dressaient à leur cime la fine tour Camoufle, s'élevait une rangée de maisons neuves, d'un style baroque et balnéaire, de grandes bâtisses d'une taille, d'une laideur vertigineuses. Et la vieille Messine, en voyant le dégât, avait le cœur gros et les larmes aux yeux.

On sait que nos pauvres parents, plongés dans la plus noire ignorance, végétaient dans leurs maisons sans air et sans lumière, menaient entre leurs murs une vie simple et bornée. Au nom de l'hygiène, on a renversé ces barrières malsaines. Nos villes, délivrées de leur corset de pierre, se répandent fébrilement vers la banlieue. La joie va régner dans l'univers. Cependant, comme toutes les belles choses qui meurent, la disparition des vieux remparts soulève quelques regrets.

Une ville qui n'a plus de remparts est comme un cheval débridé, on ne sait où elle s'arrête. Au contraire, cernée par de gros murs, elle avait un visage, elle en imposait. Il y régnait forcément un esprit, un orgueil municipal. Même si les remparts ne servaient plus de rien, ils délimitaient du moins la cité et ceux qui vivaient dedans se sentaient frères et unis. Mon rempart me dérobe un bout de ciel. Mais dans cet horizon borné ma vie se joue, mon indépendance s'abrite, mes souvenirs reposent. Vivent nos vieux, nos chers remparts !

Il semble, à écouter les démolisseurs, qu'ils élargissent les

villes pour la santé des habitants et qu'ils leur apportent la
clef des champs. Mais, outre que nos parents ont vécu vieux
dans leurs vieux murs, il est permis de douter que des boulevards, si larges qu'ils soient, bordés de maisons à six étages
et de remblais de chemin de fer, égalent en salubrité le beau
cercle de gazons, de grands arbres et d'eaux courantes que
traçaient les remparts autour des cités. Les zones militaires
créaient entre les villes et leurs faubourgs un espace libre et
un cordon d'air pur, extrêmement précieux, et tous les squares
du monde ne remplaceront jamais ces talus d'herbe verte ni
nos belles promenades sur les glacis.

Au surplus il ne faut pas démolir les remparts si l'on veut
que la génération de demain sache son histoire. Rien n'est
parlant pour des yeux d'enfant comme ces vieilles pierres meur-
tries, bardées de cicatrices, ces brèches et ces lézardes, ces tours
criblées par la mitraille. Quel jeune Messin ou Thionvillois ne
s'est arrêté avec émotion devant la porte des Allemands ou la
Tour aux Puces pour admirer ces monuments d'une si belle
prestance et ces boulets plantés dans la muraille comme des
cabochons sur un diadème ? Metz, jadis ville libre, mettait sa
sauvegarde dans ses murs. Un écusson, encore visible à la
porte Saint-Thiébault, montre le buste d'une jeune fille défendue par des créneaux : ce sont les armes de Metz la Pucelle.
Les remparts évoquaient une longue suite d'actions héroïques,
toutes accomplies pour la défense et le plus grand bien de la
Cité. Le cœur se redressait devant cette noble architecture ;
chaque angle, chaque saillant rappelait un fait de guerre, un
assaut repoussé, un siège illustre, et l'étranger, en entrant
dans la ville, était saisi par sa gravité militaire.

De tels avantages ne se pèsent pas. On peut leur préférer
l'hygiène et les cures d'air, mais, s'il est bon que l'enfant,
pour devenir un homme, connaisse le passé de sa ville et res-

pire quelquefois le souffle des aïeux, il faut regretter la chute
des remparts de Metz.

Des beaux ouvrages qui l'entouraient, il reste un unique
morceau : c'est, depuis la fausse braye et le château de la porte
des Allemands jusqu'à la Moselle, une épaisse muraille bosselée par les tours, où chaque corporation faisait le guet, la
tour des potiers d'étain, la tour des maréchaux, la tour des
barbiers et la vieille tour des Esprits, mystérieusement cachée
dans les arbres. La Seille silencieuse glisse dans l'herbe au
pied du mur. Par-dessus la courtine, comme dans les vieilles
estampes, on aperçoit les dentelles du toit de la cathédrale et
les clochers de Saint-Eucaire, de Saint-Maximin qui lèvent
modestement leur bonnet. C'est un coin retiré et tranquille,
animé par l'eau courante, la verdure, les feuilles fraîches. Un
pêcheur devant une bouche à feu jette paisiblement sa ligne.
Sur les pierres du soubassement, prises dans les joncs, se
lisent de vieux millésimes et des noms de maîtres échevins :
la gloire de Metz n'a plus que ce refuge.

Heureusement, si les murs tombent, l'âme survit. L'habitude de vivre emmurés crée dans toutes les populations de
villes fortifiées un tempérament particulier, fier, ombrageux,
prudent, toujours sur la défensive. On peut donc démolir les
bords de la ruche, les cellules demeurent : ce sont les petites
rues de Metz, étroits compartiments où se conservent, comme
un miel pur, les vertus d'autrefois. Un Messin ne ressemblera
jamais à l'habitant d'une ville ouverte et, sous les tilleuls de
l'Esplanade, il se promènera quand même d'un pas plus mar-
tial que sur des boulevards sans souvenirs.

Ce ne sont pas les belles promenades qui manquent à Metz.
Il est facile d'y respirer de l'air pur et l'on en a grand besoin,

après une journée passée dans une ruelle étroite, dans des logis obscurs comme des casemates, où l'espace est parcimonieusement mesuré. L'Esplanade dédommage les Messins de leurs servitudes militaires. Autrefois, quand les remparts existaient, cadenassant la ville, c'était la seule percée sur l'horizon. Quel panorama ! Tout le pays messin dans sa verte splendeur, des coteaux, des vignes, des bois, les toits gris des villages, échelonnés sur les revers, les prairies du fond de la vallée, tapis d'émeraude où glisse la fuyante Moselle, des clartés vives sur les hauteurs, une brume estompant la lisière des forêts, l'un des plus séduisants paysages de la terre, fait de grandes arêtes vigoureuses et d'une lumière spirituelle et fine qui adoucit tous les contours de l'ossature. Cette vue est un enchantement.

De ce balcon incomparable l'œil domine le cours onduleux de la Moselle à travers les prairies de l'île Saint-Symphorien, entre les harmonieux bouquets de peupliers et de saules penchés sur la rivière. Au delà se dressent les côtes chargées de vignes, Sainte-Ruffine, Scy, Jussy, Lessy, crus légers où le peuple messin puise une part de sa belle humeur. Plus loin se lève le mont Saint-Quentin avec le fort qui le couronne, superbe montagne, vrai bastion guerrier dont la vue redresse les cœurs. A l'horizon, dans ces vapeurs d'opale qui tremblent éternellement sur la vallée de la Moselle, les bois d'Ars, d'Ancy, de Corny et de Novéant montrent leurs crêtes sévères. Des clochers brillent. La brise apporte des sons d'airain, des senteurs de foin coupé et la fraîcheur de la rivière qui vient de France. Ce spectacle, par son ampleur et sa sérénité, est consolant. Il charme les cœurs meurtris.

Il existe de vieux bourgeois de Metz, âmes irréductibles, caractères tout d'une pièce et d'un autre âge, qui sortent vers cinq heures, d'un pas ferme et décidé, de leurs hôtels toujours

verrouillés et mystérieux. Ils descendent la rue sombre, peu
fréquentée, où ils vivent silencieusement avec leurs souvenirs.
Chaque angle de mur leur rappelle une page de leur histoire
dont ils sont fiers. Ils traversent la place Royale, indifférents
aux parades qui s'y jouent. Ils évitent la statue de l'empereur
allemand qui montre du doigt la terre conquise. Les grands
horizons de l'Esplanade les attirent. Par cette éclaircie sur
la campagne, ils échappent à l'atmosphère étouffante de leur
ville et leurs yeux se reposent sur la verdure et l'eau. Appuyés
sur ces pierres brûlantes où s'accrochent les derniers rayons
du soleil, ils regardent longuement les champs, les vignes, les
forêts, ce beau fond de vallée déjà sombre sous un ciel en
flamme, ils respirent le vent du large. Comme il faut aux pri-
sonniers une heure de récréation, un carré de ciel bleu, ces
rentiers, ces bourgeois, pour la plupart militaires retraités,
ont besoin de leur promenade quotidienne pour se retremper
le moral. Ces lignes pures leur font du bien.

L'Esplanade de Metz a reçu bien des aveux. C'est qu'il est
peu d'allées plus émouvantes au monde, d'où l'on découvre un
aussi bel horizon, à la fois plus mélancolique, plus troublant
et qui vous met aux yeux, lorsqu'on y réfléchit, plus de larmes
de rage et de regret.

Les maisons de Metz, il y a cinquante ans, étaient correctes,
modestes et d'allure classique. Leur pierre était de la couleur des mirabelles. Leur grand corps de logis aux deux ailes
en saillie, leur avant-cour, leur porte cochère souvent surmon-
tée d'un blason de famille et couronnée par une balustrade,
leur toits d'ardoise à pente aiguë dans lesquels s'ouvraient des
lucarnes rondes, tout cela formait un ensemble ordonné, har-

monieux et conforme à la sobriété des Messins. Les fenêtres hautes, régulièrement percées, fermées par des persiennes blanches, éclairaient de grands appartements lumineux, bien cirés et d'une simplicité archaïque. Un balcon en fer forgé, un masque, un fleuron au tympan des fenêtres tenait lieu d'ornement. Il n'est pas dans les habitudes messines de faire grand étalage de luxe. Le Messin est ennemi du faste. Un équipage dans les rues de Metz fait sensation et l'on ne pardonnait qu'aux officiers cette prodigalité. Les reposoirs du Jeudi saint, que l'on appelle à Metz des « paradis », sont d'une simplicité toute nue, sans mise en scène et sans dorures. Les plus belles fortunes du pays s'écoulent en charités silencieuses.

Ces grandes demeures, avec leur front sévère, ont abrité durant des siècles des lignées de soldats, de magistrats, d'hommes d'élite. Ces beaux jardins, ces ombrages ruisselants, ces masses opulentes de verdure qui jettent dans les petites rues de véritables berceaux de feuillage ont dérobé au monde d'obscurs dévouements ou les délices d'un foyer. Derrière ces murs, que de vies sacrifiées pour une pensée stoïque, que d'aimables intérieurs où régnait le bon ton, la fermeté de tenue, la discrétion et l'élégance. Les vieilles maisons de Metz, toutes grises et sévères, avaient bien du charme. *Ingenium laetum sub fronte severa.* On les sentait bâties pour loger d'honnêtes bourgeois, d'une vieille race patricienne et guerrière, aussi nobles, ma foi ! que ceux de Venise ou de Florence, et qui ne songeaient à éblouir leurs concitoyens que par la hauteur de leurs vues et la solidité de leur caractère.

En parcourant les vieux quartiers de Metz, il est impossible de ne pas céder à l'émotion. De petites rues montantes, étroites, ténébreuses, vestiges d'une ancienne citadelle, jadis étranglée dans ses remparts, nids de souvenirs, églises, vieux logis illustrés par vingt siècles d'histoire, contrastent avec les spacieux boulevards qui se sont élevés depuis trente ans sur l'emplacement des murailles abattues. Le divorce est complet entre l'ancienne architecture française de la place Saint-Thiébaut, par exemple, et les bâtisses colossales du boulevard Guillaume I". Les discrètes façades de jadis, les maisons à l'ordonnance, sobres et militaires, les murs gris du séminaire regardent avec stupeur les monstrueux hôtels modernes et les masques exubérants qui les décorent.

Deux villes sont en présence, elles n'ont entre elles aucun point de contact.

L'une, martiale, sombre et touchante; l'autre, insolente et parvenue. Ici, des maisons volontairement austères, portant l'uniforme de la cité et l'empreinte d'une ville de guerre; là des villas de marchands enrichis, des palais monumentaux, cosmopolites et multicolores, où les vieux Messins cherchent en vain la simplicité lorraine. Tel est Metz aujourd'hui. Vingt mille Français l'habitent contre trente-cinq mille Allemands immigrés, et trente mille hommes de garnison.

Depuis 1870, les deux populations se dévisagent et n'ont pas fusionné.

LES VIEILLES
MOEURS MESSINES

Notre esthétique à nous est de savoir pleurer.
Stanislas de Guaita.

J'aime la mélancolie d'un bosquet de l'Esplanade où pleure nuit et jour une délicieuse fontaine. Un Anglais généreux a doté la ville de Metz de cette nymphe au corps chaste, souvenir d'une époque raffinée et meilleure où les fumées de la bière n'obscurcissaient pas le goût. Autour de cette statue se réunissent, dans les après-midi d'été, de vieilles femmes, des bambins et d'anciens militaires. C'est une bonne tradition qui s'est conservée à Metz de confier les petits enfants à des voisines âgées, pauvres, pleines d'expérience et tout heureuses de conduire à la promenade de gentils compagnons aussi bavards qu'elles. Les vieilles femmes du peuple ont gardé de l'époque française l'amour de l'urbanité et des bonnes façons. Il faut voir, sous leur bonnet de dentelle noire, avec quelle politesse elles s'inclinent et rendent leur salut au vieux retraité qu'elles retrouvent chaque jour depuis vingt ans, assis sur le même banc de l'Esplanade, de quelle oreille attentive elles écoutent pour la centième fois le récit de ses exploits. Débris du vieux Metz, froissés, meurtris par tout ce qui les entoure, rapetissés et vieillots, ces pauvres gens évoquent la douceur du passé. Ils remuent des souvenirs, et les petits enfants s'étonnent de la noblesse de leur langage. Avec quel plaisir le jeune auditoire s'assemble autour du vieux militaire qui raconte ses campagnes. Un peu d'exagération peut-être, lorsqu'il prétend que, dans les cas difficiles, le général lui demandait toujours son avis. Mais qu'importe ! Les détails, le ton du récit, la voix brève sous la moustache grise ravissent. A deux pas de la statue du maréchal Ney, des histoires de guerre charment toujours l'imagination.

Un soir, le vieux zouave d'Italie ou de Crimée manque au rendez-vous. Près de la fontaine en larmes, on raconte les détails de sa mort. Du fragile édifice de leurs admirations et de leurs regrets, de cette voûte ancienne et délicate sous laquelle ils abritent leur vieillesse, il leur semble qu'une grosse pierre vient de se détacher et laisse un vide.

Quand la nuit vient et que la garnison s'empare des allées, prudemment les vieux indigènes déguerpissent. Ils cèdent la place à des groupes plus bruyants. Des orchestres militaires organisent alors sous le feuillage des concerts, qualifiés de concerts monstres lorsqu'une même musique est vomie par cent bouches de cuivre. Des officiers s'attablent au bord de la terrasse. La statue de l'empereur Guillaume, qui tourne le dos à celle du maréchal Ney, est particulièrement entourée. Les promeneurs parlent haut : ils expriment leur admiration par des superlatifs grandiloquents. Il paraît même que du côté du bosquet où ruisselle toujours la fontaine de la nymphe, on entend — pudibonde Allemagne, voilez-vous la face — claquer de gros baisers tout comme jadis, quand les élèves de l'École d'application, ces mauvais sujets, oubliaient dans leurs promenades nocturnes les sévérités du règlement.

Aujourd'hui les baisers claquent plus fort. Les petits enfants de Metz ne se doutent guère de ces folies réservées aux grandes personnes : à cette heure avancée de la nuit, ils dorment depuis longtemps, partis vers de beaux rêves où s'amalgament, dans des fumées, la prise de Sébastopol et la croupe du mont Saint-Quentin.

.*.

Il existe à Metz tout un quartier tranquille et désert, occupé par des couvents : les religieuses de la Maternité, place Sainte-Croix ; la Visitation, rue du Four-du-Cloître ; les Carmélites, rue des Trinitaires. Dans ces rues si étroites que, parfois, d'un jardin à son vis-à-vis, les arbres s'entrelacent, on rencontre le châle pointu, la cornette et la mante d'une congrégation dont le costume s'harmonise avec ces vieilles demeures. La foi s'est conservée, dans ce pays frontière, profonde et vive ; le peuple y a beaucoup souffert.

Dans le cloître des Récollets, ancien couloir gothique, s'est fondé un orphelinat. Cinquante filles pauvres, presque toutes d'origine allemande, car les vainqueurs ont amené ici une extrême misère, y sont soignées, choyées, dorlotées par les mains admirables des filles de la Charité qui leur enseignent un métier, les placent, les dotent et les marient. Une crèche vient d'être ajoutée à l'orphelinat. Les religieuses y recueillent, pendant la journée, les petits pauvres qui seraient confiés à de vagues voisines si ce nid tiède ne s'offrait à leur abandon. Le vieil ordre français de Saint-Vincent-de-Paul, si actif et si gai, a fort à faire pour mettre un peu de netteté et de politesse chez ses pupilles. J'ai assisté a la toilette d'un petit Prussien, affreusement sale, dont une charmante religieuse aux doigts aristocratiques fouillait la chevelure pour y écraser ce que vous devinez. C'était merveille de voir cette douce créature, d'une beauté dont plus d'une mondaine eût été jalouse, absorbée par son horrible besogne, décrassant le jeune drôle barbouillé de savon et qui semblait tout heureux d'habiter un beau pays où d'aussi belles dames consentaient, pour l'amour de Dieu, à lui nettoyer la tête. La charité fait de grands miracles.

*
* *

Pourquoi donc, disait un Allemand à un conseiller municipal indigène de Metz, y a-t-il. dans cette ville des gens réduits à une telle misère qu'ils couchent en famille sur des litières de feuilles mortes ? — Monsieur, répondait le vieux Messin, nous ne connaissions pas ces misères-là avant la guerre. Nos classes riches nous ont quittés et vous nous avez amené tout ce que l'Allemagne a de plus pauvre.

*
* *

Il n'est resté du temps jadis et des élégances d'autrefois que des confiseries qui ressemblent à des salons. Là scintillent encore, pour la joie des yeux, des étalages à la française. Les dragées sont offertes dans des coupes de cristal, les fruits confits sur de fines assiettes, les pralines dans des flacons de Baccarat, les sirops transparents sur des plateaux de verre. On y retrouve la vieille boîte de baptême capitonnée de satin bleu piqué, admiration de notre enfance, la bourse brodée que le parrain offrait à la marraine, le cornet de dragées qui se jetaient du parvis de l'église, aux gamins, et les bonbonnières ornées de devises amoureuses. On y voit des grains d'argent glacés qui donnent à tous les marmots l'illusion d'être riches et ces « cosaques » de papier doré dont l'étui cache une tiare ou un bonnet de roi. La boutique a des boiseries du dix-huitième siècle laquées blanc et rehaussées de filets d'or. De grandes glaces reflètent à l'infini des palais de sucre. Une vieille dame aimable et avenante, habillée de noir avec une petite croix d'or sur son corsage, circule parmi ces douceurs et vante sans exagération sa marchandise, la mirabelle exquise et la fraise candie dont raffolent les Américains.

Voltaire disait qu'à Metz il n'avait vu que des confiseries et pas de libraires. Il oubliait tous les grands imprimeurs de Metz. Admettons que dans ce pays de cocagne on aime trop la friandise; mais c'est précisément dans ces vieilles boutiques dédaignées par l'auteur de *la Pucelle* que s'est le mieux conservée l'aménité de l'ancienne France. Ville d'évêché, de parlement et de garnison, Metz a toujours possédé de fins gourmets, des clients difficiles. Jusqu'à ces dernières années, on y mangeait encore la meilleure cuisine française.

Hélas! tout cela disparaît. Les vieilles dames meurent et les pimpantes boutiques d'autrefois, où la marchandise était offerte de si bonne grâce, sont remplacées par des « automatic bars » où, pour dix pfennigs, le militaire saxon peut se restaurer de viande crue à la tartare, d'un œuf dur et d'un hareng fumé. Un marchand de « délicatesses », violemment éclairé par des lampes électriques, attire nos regards. Nous nous approchons. L'homme vend des andouilles, du fromage de porc et des saucisses de Brême.

*
* *

Les femmes de Metz, si chastes sous leurs vêtements de deuil, ont maintenu autour d'elles une politesse qui leur est favorable. On aime les voir marcher, avec leur beauté ferme et régulière, dans ces rues qui sont leur cadre naturel. L'esprit et la bonté se lisent dans leurs yeux, leur taille est amoureuse, leur front fidèle et tendre. L'habitude de riposter à toutes sortes de gens donne à leur regard une assurance particulière ; on sent qu'elles n'ont pas capitulé.

Les Messines ont volontiers une chapelle favorite où elles se réfugient quand le courage vient à leur manquer. Je me souviens de celle de la Visitation dont l'architecture simple et classique m'a ému. On y monte par un large degré de pierre orné d'une rampe en fer forgé, luxe courant dans les vieux hôtels patriciens de Metz. La chapelle a deux bras, l'un accessible aux profanes, l'autre sombre et grillé où les religieuses cloîtrées assistent aux offices. Ce soir-là il n'y avait personne dans le bras des profanes, sauf une novice qui confessait d'impalpables menus péchés. Mais derrière les gros barreaux de la clôture on entendait distinctement le murmure des Visitandines qui priaient.

Une mince, une angélique et fragile petite voix de nonne s'élançait sur une note aiguë, si plaintive, qu'elle vous traversait l'âme. La nuit tombante assombrissait les dorures de l'autel et le flanc ciselé des lampes. Derrière la grille on ne voyait que du noir. Du fond des ténèbres vous arrivait cette petite voix mourante, purifiée par la souffrance, qui n'était presque plus humaine tant elle vibrait haut sous les voûtes. Ce soupir désespéré m'est toujours resté dans l'oreille.

L'ASILE INVULNÉRABLE

Malheur à moi ! Fallait-il vivre pour voir la
ruine de mon peuple ?
(*Grav. sur le monument des soldats français au
cimetière de Metz.*)

Il y a des soirs où tout vous abandonne. Le voyageur, à Metz,
passe par ces extrêmes désolations. La nuit tombe et augmente
l'impression d'isolement et de détresse que l'on ressent dans
une ville occupée par des garnisaires. L'allemand que l'on
entend résonner autour de soi prend des inflexions mena-
çantes. Les rues sont pourtant animées, mais la vie des étalages n'est qu'une façade menteuse, derrière laquelle on en
devine une autre, mystérieuse et refoulée. Les trompettes dans
les casernes sonnent le couvre-feu. C'est lugubre. Une ou deux
notes traînardes et plaintives. On dirait que le clairon est à
bout de souffle et ce n'est pas le gai bonsoir de nos sonneries
de régiment.

Alors, si des lumières brillent derrière les vitres de la cathédrale, lieu d'asile, il faut y entrer. Dans la solitude de la grande
église, toute peuplée de souvenirs, on se sent moins désemparé
qu'au milieu de la rue où le brouillard tombe. Les murs épais
nous protègent et cette ogive élancée, qui fait l'admiration des
artistes, redresse notre courage. On songe avec plaisir que,
depuis le quatorzième siècle, ses parois sont debout. La gloire
de Metz s'est réfugiée là-haut, sous ces clefs de voûte qui

bouclent le plus téméraire et le plus impressionnant des vais-
seaux gothiques, dans ces verrières où l'histoire de Metz et de
ses princes-évêques est écrite en couleurs de feu. Les murailles
ne transigent pas. On peut les barioler d'ornements postiches,
l'arc de la grande nef de la cathédrale de Metz avec ses heureuses proportions et sa folle hardiesse exprimera toujours une
pensée, une prière française, un élan de générosité, d'amour,
d'abnégation.

L'air qu'on respire ici, tout parfumé d'encens, est moins
étouffant que l'atmosphère de contrainte et de mortel ennui
qui pèse sur la ville. C'est un soulagement d'entendre parler
latin. Puis, dans cette réunion de fidèles, tous se connaissent,
on met un nom sur chaque visage. Quelquefois, un prédicateur
monte en chaire. Les prêtres ont gardé une ancienne façon de
prêcher, courte et substantielle, la harangue ne dure pas plus
de huit minutes, mais on entend de fortes vérités, dites simplement et dans un magnifique langage. C'est le catholicisme
qui sert encore de faisceau et de talisman aux Messins et
l'église est redevenue, comme au temps des barbares, le temple
où l'on préserve de vieux trésors.

La cathédrale de Metz date du moyen âge. Elle fut bâtie au
quatorzième siècle par des architectes venus de Champagne :
plusieurs parties de l'édifice rappellent les églises de Troyes
et de Châlons-sur-Marne. Elle est donc française du pied
de ses colonnes jusqu'à la pointe de ses ogives. Elle a les
proportions audacieuses et mesurées de nos grandes cathé-
drales. Cependant, elle se distingue à la poussée élégante de ses
voûtes vers le ciel, à la mâle sobriété de ses murailles, peu
sculptées, d'allure militaire. C'est la cathédrale de la frontière.

Il règne dans cette belle église un air de piété. Personne n'y

entre avec indifférence. Les paysannes lorraines, après le marché, passent y dire une prière ; les femmes, presque toujours
en deuil, fidèles aux couleurs noires, s'agenouillent avec ferveur
devant la Vierge de Bon-Secours et la nef n'est jamais solitaire.
Même en dehors des heures d'office, les chapelles, où brillent
des cœurs d'argent, reçoivent des milliers de visiteurs. On est
si bien dans les flancs du vaisseau, si loin de la ville et des
bruits discordants.

Sur la pourpre des vitraux, les yeux se reposent et relisent,
en haut de la grande nef, en lettres de flamme la devise des
Montmorency : « Espérance. » Asile invulnérable, refuge des
souvenirs et de l'histoire de Metz, la cathédrale a reçu dans son
cœur de pierre plus d'un blessé qu'elle a guéri.

L'ombre de Monseigneur Dupont des Loges est encore pré-
sente et vivante dans ces murs où sa voix courageuse, écho des
douleurs d'un peuple, a tant de fois résonné et fait jaillir des
larmes. L'évêque qui incarna, de 1871 à 1885, la résistance au
vainqueur repose sous une dalle de marbre noir dans une basse
chapelle du chœur. Tout près de sa sépulture, le fauteuil de saint
Clément, premier évêque du diocèse, dompteur du Graouli,
et la statuette d'airain de Charlemagne, bienfaiteur de l'église
de Metz, témoignent de l'antiquité de cette cathédrale, qui
fut détruite par Attila et rebâtie par les grands évêques
mérovingiens. Le gentilhomme breton qui occupa avec tant de
fermeté après la guerre le siège de saint Arnould et se montra
vraiment, dans la tourmente, le pasteur d'un troupeau mutilé
supporte ces glorieux voisinages. Si le clergé messin résiste
encore, à l'heure actuelle, aux tentatives d'embrigadement, aux
sourires et aux menaces qui lui viennent d'outre-Rhin, c'est à
l'influence de Monseigneur Dupont des Loges qu'il faut attribuer

cette étonnante fidélité. Par ses hautes vertus, par son
exemple et par ce prestige aristocrate que dégageait sa fluette
personne, l'évêque sut former une équipe de prêtres indépendants, rebelles aux honneurs et qui mettent encore au-dessus
du bien-être matériel et d'une existence comblée de profits la
foi patriotique et le respect des traditions.

Il faut entrer à la cathédrale de Metz un matin d'avril. Le
soleil ruisselant sur les vitraux inonde l'intérieur des nefs d'une
nappe de clarté flamboyante. Les saints patrons de l'église de
Metz, la fière lignée des évêques, si longtemps maîtres de la
Cité, resplendissent dans les hautes galeries sous les feux de
l'aurore. Ces verrières sont anciennes. La plupart datent du
quinzième siècle. Elles sont compliquées et fastueuses. Celles
du reizième siècle où le grand maître alsacien Valentin Busch
a mis la main sont comme de grandes toiles décoratives où les
pourpres et les violets chantent à l'unisson. Mais les plus
beaux morceaux sont encore les plus vieux, ceux du treizième
qui ne valent que par les couleurs exquises de leurs verres,
gouttes de sang, rubis, émeraudes et topazes jetés comme des
poignées de pierreries à travers l'océan des fonds bleus. En
dépit des restaurateurs, engeance de singes maladroits, cette
parure de verre, robe de fête rayonnante, est la plus grande
merveille de la cathédrale de Metz. On est stupéfait de la trouver si haute et si lumineuse. On s'étonne, devant ces glorieuses
fenêtres, de retrouver, après tant de siècles et d'événements
désastreux, les diamants dans l'écrin.

Le soir, à dix heures moins dix, en haut de la tour de
Mutte, une clochette se met à tinter. Tous les Messins con-

naissent cette voix argentine, si pure dans les nuits froides.
« Écoute la Marie Turmel qui te dit d'aller te coucher. »
Comme ils la maudissaient, étant petits, cette cloche qui sonnait
la retraite.

On l'appelle aussi la cloche des honnêtes gens, parce qu'elle
les avertit de l'heure du sommeil. Sa voix claire et perçante passe les fortifications ; elle dit au promeneur attardé
dans la campagne qu'il est temps de regagner le logis, au
liseur qui s'oublie sur un beau livre qu'il faut souffler la
chandelle.

« L'on m'a imposé le nom de Marie-Jeanne lorsque je fus
donnée à l'hospice de Sainte-Catherine, à Verdun, l'an X de la
République française, par le citoyen Hugin, maire de cette
ville. Je fus donnée à la ville de Metz, l'an 1816, par M. de
Turmel, maire, pour sonner la retraite des bourgeois. Le peuple
messin me donna le surnom de Mademoiselle de Turmel. J'ai
été refondue en 1875, M. Besançon étant maire de Metz ;
adjoints : Gautiez, Humbert, et Jeandelize. » C'est tout ce
qu'on lit sur son flanc.

Cette cloche limpide, qui résonne dans la nuit, devait forcément éveiller autour d'elle un cercle de légendes. Elle est
trop parlante pour n'avoir pas une histoire.

Une belle jeune fille de Metz avait un fiancé qui, trop
enamouré, allait rêver la nuit au bord de l'eau. Un malfaiteur
qui l'avait suivi, profitant de sa distraction, guetta le malheureux au tournant d'une rue mal éclairée et lui coupa la gorge.
La fiancée inconsolable fit fondre une clochette d'argent qui
devait, dans son idée, sonner la retraite à dix heures et pré-
server les amantes d'un sort aussi cruel que le sien. Voilà
pourquoi, tous les soirs, la petite voix émue et persuasive se
fait entendre. Tourière vigilante, elle sonne le couvre-feu.
Depuis longtemps les grosses cloches sont endormies quand

la petite remuante se réveille tout à coup et fait vibrer les pierres. C'est la dernière note nocturne qui tombe de la cathédrale. A dix heures juste la cloche s'arrête. Mademoiselle de Turmel a fait son devoir. Les honnêtes gens sont avertis. Il ne reste plus dans les rues désertes que les mauvais sujets, les rôdeurs de nuit et les désespérés.

La voix grave de la cathédrale domine la cité. Sur tous les quartiers qui l'entourent en contre-bas, son horloge est entendue, elle règle l'existence, elle chante les heures. Sonneries du matin, si belles dans la brume et qui étouffent le triste appel des clairons allemands. Sonneries de midi, rumeur joyeuse des ateliers dont les oiseaux s'échappent. Sonneries cristallines du soir, du salut et du couvre-feu.

Mais surtout quand les cloches sonnent un mort, elles ont une voix sourde et profonde qui fait trembler les murs. Toute la ville apprend qu'un service funèbre est célébré à la cathédrale. On demande pour qui. C'est un vieux Messin que l'on enterre et chacun, même l'infirme dans sa chambre, remué par le glas, dit une prière pour lui. Cette musique religieuse est la seule qui parle encore au cœur des habitants. Ils écoutent leurs vieilles cloches qui remuent en eux un monde de souvenirs et de regrets.

VIEILLES PAROISSES
QUARTIERS NEUFS

Le vieux quartier Saint-Eucaire est l'un des plus pauvres de
Metz. L'église lève au-dessus des toits misérables sa tour
carrée et son chapeau d'ardoise. La légende prétendait que dans
ces petites rues sordides habitaient des malheureux dont la
nourriture principale se composait de têtes de mouton et c'est
le sobriquet des enfants de la paroisse. Cependant Saint-
Eucaire, avec une noblesse touchante, ouvre ses trois nefs
humbles, obscures, au petit peuple qu'elle console. Une bro-
derie de feuillage court sur ses chapiteaux. De beaux vitraux
de Maréchal, chauds brasiers de couleurs, illuminent le haut
du chœur. Ses gros piliers solides sont à l'image du menu
peuple de ses paroissiens, si courageusement restés fidèles à
leur vieux langage français. Peu de paroisses sont aussi peu
mélangées d'Allemands que ce quartier dit de la Porte des
Allemands à cause d'une ancienne maison de chevaliers de
l'Ordre Teutonique qui se trouvait là.

Une curieuse coutume de la paroisse Saint-Eucaire est de
faire bénir chaque année, à la chapelle Saint-Blaise, les enfants

pour les guérir de la peur. Les mamans messines ne manquent pas, à la Chandeleur, d'y conduire leurs gamins. C'est une grande honte, en Lorraine et à Metz, de passer pour poltron, et jusqu'ici saint Blaise a su veiller sur les compatriotes de Fabert qui n'ont pas froid aux yeux.

Il est question de démolir Saint-Maximin. Ce serait dommage. Cette vieille église romane du douzième siècle mérite le respect et l'affection de tous les Messins. Est-ce son portail Pompadour qui choque les ecclésiastiques? D'où vient donc cette rage de proscrire le dix-huitième siècle qui fut comme le moyen âge bâtisseur d'églises et d'abbayes? Et que mettre à la place du vieux Saint-Maximin? Un temple néo-roman, biscornu et prétentieux, à quoi bon?

Mille magnifiques souvenirs devraient protéger Saint-Maximin de la destruction. C'est dans cette petite église, intime et si recueillie, que le jeune prêtre Bossuet prêcha sa première oraison funèbre. Il dit, sous ces voûtes romanes, les vertus d'Henri de Gournay, dont toute la famille était enterrée dans une petite chapelle proche du chœur. Il rappela l'origine illustre des Gournay, descendants de saint Livier, le chevalier martyr qui mourut, l'épée à la main, luttant contre Attila. Il compara le héros de Fleurus au belliqueux patron de Metz. Il montra cette race de nobles née pour la guerre, le sacrifice et la gloire, habile au métier des armes et au service de l'Église. Déjà la voix de l'orateur, ample et solide, savait célébrer un héros. Ce fut comme la répétition de l'oraison funèbre du grand Condé. Détruira-t-on la charmante petite église qui entendit ces accents magnifiques et fut le théâtre des débuts du plus grand orateur français?

C'est à Metz, ville sérieuse, sous la gravité du ciel lorrain, que Bossuet acquiert ses rudes dons de polémiste. Il bataille avec Paul Ferry, lumière de l'Église protestante, érudit et dialecticien. Il dispute avec les rabbins de la vieille communauté juive, savants, talmudistes fameux ; car les juifs de Metz n'étaient pas de simples mercantis : ils avaient leurs traditions et fournissaient à la médecine, depuis le dixième siècle, des hommes de talent. Avec ces rudes jouteurs, adversaires de marque, tels qu'il est bon d'en rencontrer dans sa jeunesse, Bossuet forge son arme. Il s'habitue à saisir le défaut de l'ennemi ; il apprend l'art de bien argumenter, de terrasser l'erreur ; il ébauche son *Histoire des variations des Églises protestantes*. Ses cinq ans de Metz l'ont mûri. Il a respiré l'humeur guerrière qui flotte dans cette ville, cerclée de vieux remparts ; il s'est imprégné de la foi, du catholicisme qui règne à Metz ; il a prié dans ces magnifiques églises dont les voûtes appellent irrésistiblement la confiance, incitent l'âme à de beaux élans ; il a senti, enfin, sur cette frontière le souffle proche de la Germanie et de ses brouillards. Metz est le dernier boulevard de l'esprit catholique français en présence de l'Allemagne protestante. Au delà du Rhin, commence la « grande Saxe » toujours rebelle, les forêts et les villes où survit le vieux levain des querelles et des hérésies. Maintenir le catholicisme à Metz, c'était maintenir la hiérarchie, la discipline, la tradition française, et Bossuet, pendant son long séjour dans cet âpre climat qui trempe les hommes, apprit à fondre dans un même enthousiasme sa religion et son patriotisme. La ville martiale prêta à sa parole ce tour mâle et vigoureux, ces raccourcis saisissants, cette franchise et cette audace qui plaisent en lui, le ton des grands soldats, la langue rude et forte qu'on a toujours parlée au bord de la Moselle.

* *

Le jeune homme qui me guide à travers Metz est le fils d'un
des plus anciens maîtres tanneurs de la cité. Il m'entraîne vers
ce pauvre et pittoresque quartier des Tanneries, débris du
vieux Metz en train de disparaître. D'un petit pont étroit l'on
aperçoit une enfilade de hautes maisons qui surplombaient la
rivière, multiples étages de bois noirci et vermoulu, où les
tanneurs de Metz apprêtaient ces cuirs souples et ces harna-
chements qui paraient autrefois la cavalerie française.

Ce commerce de luxe, qui voulait des ouvriers loyaux, a été
ruiné comme tant d'autres par le progrès de la mécanique et
le mauvais goût croissant du public pour l'article de pacotille
et de bazar. Le dernier tanneur de Metz vient de fermer boutique. On lui avait d'ailleurs coupé les vivres, car la rivière de
Seille, dont les eaux grasses avaient longtemps contribué à la
fortune de Metz, est aujourd'hui couverte, le canal changé
en rue, et les façades lépreuses, bossues et originales, qui
gardaient à ce petit quartier l'aspect mouvementé du moyen
âge, se transforment en maisons de rapport, en casernes
lucratives.

Par les canaux qui traversaient ses quartiers marchands,
Metz rappelait les villes du nord de la France et de la Belgique,
si mystérieuses le soir, quand les ténèbres brunissent l'eau et
que le jour n'est plus qu'un fil d'or, tranchant sur le sommet
des toitures vertigineuses. La vieille industrie municipale,
installée au bord de la rivière depuis plus de mille ans, l'hon-
nête réputation des maîtres tanneurs messins fidèles à leurs
usages, à leurs cérémonies corporatives, à la messe annuelle et
au banquet par lequel ils célébraient la fête de saint Simon,
leur patron, les chaudes et confortables maisons de ces bons
bourgeois, modèles de labeur et de probité, et même cette

odeur étrange de bois de campêche et de mégisserie qui flottait sur l'eau sale, contribuaient à donner à cette paroisse une poésie douce et sombre. Le reflet des lampes, la nuit, sur le canal, éveillait l'image d'une obscure Venise. L'imagination, suivant les zigzags des chauves-souris dans les airs, reculait dans le passé vers ces grandes villes ouvrières du treizième siècle, républiques seules dignes de ce nom où, les métiers gouvernant la cité, un maître tanneur de Metz pouvait ambitionner l'honneur d'être élu maître échevin et de parler, le chapeau sur la tête, à l'empereur.

Ces souvenirs avec le cours de la Seille vont rentrer sous terre. Un Metz moderne, hygiénique et banal, remplacera peu à peu les anciennes curiosités du passé. Mais comment modeler à la discipline prussienne, à l'obéissance muette, à l'impassibilité, ces natures goguenardes et frondeuses, fils d'une ville libre, où l'outil tenait lieu de blason, où les citoyens se conduisaient eux-mêmes? Les Messins n'ont jamais connu de joug. Celui de la France s'est fait sentir avec infiniment de douceur. Ce n'est que depuis quarante ans qu'ils ont appris à dissimuler leurs sentiments.

Pourtant le fond de l'âme n'a pas changé. L'instinct de liberté couve toujours sous une apparente bonhomie. Que le kreisdirector se promène dans le vieux quartier des Tanneries où tous les enfants parlent français : il entendra siffler *la Marseillaise.*

Quittons le passé et rentrons dans le Metz moderne. La rue Serpenoise est la plus grande artère de la cité. C'est vers elle que tout le commerce allemand s'est porté et les magasins de cette rue n'étalent que des devantures germaniques. Les libraires exposent la littérature de Berlin, des livres militaires dont les gravures insistent sur les souvenirs pénibles de la guerre de 1870, sur la fuite des soldats français ; des portraits de Bismarck, de Moltke, de Wagner et de Schiller ; et, dans un petit coin, quelques polissonneries dites parisiennes : « Au bord de l'alcôve » ou « Le corset d'Irma ». Les marchands de pipes étalent, au milieu des fourneaux d'écume, des photographies de la famille impériale. Les bonnetiers, les lingères, les corsetières exhibent des objets de toilette à bon marché, des cache-corsets à cinquante-cinq pfennigs et des corsets à quatre-vingt-dix pfennigs qui vous laissent rêveur. Cette parcimonie dans les vêtements de dessous est inquiétante. Des couturières, en revanche, suspendent des robes de soie luisantes comme des dominos de mardi gras et des corsages dont il est difficile de juger la façon, car ils ont la tête en bas et les manches écartelées. Les bottiers offrent à leurs clients des chaussures d'éléphant garnies à l'intérieur de petits manches à gigot en papier frisé, fantaisie d'étalage. Les fleuristes exposent des diadèmes de dahlias pour couronner des vierges fortes. Un chemisier montre des cols de toile verte et des mouchoirs à pois qu'on dirait trempés dans des épinards. Le charcutier vend « les délicatesses » de Dantzig et de Kœnigsberg. Il y a même des « bars automates » où pour dix pfennigs et sans courir le risque d'une œillade de la servante, chacun peut se restaurer d'une tartine à la tartare, d'un œuf dur, d'un hareng à l'huile et d'une chope de bière de Munich. Tous ces magasins multicolores et bariolés attirent le client par des enseignes flamboyantes. Ils sont couverts jusqu'au premier étage de lettres d'affiches qui crèvent les yeux, éclairés par des lampes électriques dont les feux vous aveuglent. Une réclame insolente sert à masquer la marchandise.

Sur le trottoir passent, sanglés dans leurs uniformes et se poussant du col, de grands Poméraniens qui font sonner leurs éperons. Des femmes tristes sont pendues à leur bras. Ils s'arrêtent devant les piles de lard et de côtelettes, admirent les jambons, flânent une minute devant le cadre d'un photographe où l'on voit, à côté de Gretchen habillées comme des femmes de chambre, des fiancés sûrs d'eux et glorieusement balafrés. Et ils continuent d'un pas raide leur promenade méthodique.

Je songe aux modestes maisons messines, si discrètes, mais, à l'intérieur, si commodes et si majestueuses. Je songe aux vieux Messins, si sobres et si distingués d'allures, tous les jours froissés dans leur intime pudeur par ces magasins tapageurs, ce commerce vantard, ces mœurs de bazar et ce luxe de café-concert.

*
* *

J'aime sur un petit bras de la Moselle, le plus sombre, le plus léthargique, l'accent circonflexe du pont Saint-Marcel et les jardins touffus, abandonnés, dont les platanes croulants s'abaissent jusqu'à la rivière. J'aime le pont Moreau et ses vieilles arches qui tremblent sous le choc et le bourdonnement d'un moulin. J'aime, avec son air glorieux et ses belles pierres de taille, le pont Saint-Georges qui semble se rappeler tous les régiments qu'il a vu défiler. J'aime surtout, sur le grand bras de la Moselle, l'interminable Pont-des-Morts, construit par l'hôpital Saint-Nicolas avec l'habit, robe ou sarrau que chaque défunt lui léguait, et d'où l'on précipitait, cousus dans un sac, les ennemis de la République messine, ceux qui tramaient des conjurations contre les échevins et contre les Treize.

Solides sur leurs piles, ces vieux ponts en dos d'âne conservent à Metz la physionomie gothique d'une gravure de l'ancien temps.

A défaut des jardins de la Poudrière qui appartiennent à la garnison, il restait aux vieux Messins la ressource de se promener au jardin d'Amour. On appelait ainsi des quinconces de marronniers plantés à la pointe de l'île, au milieu des eaux, et qui étaient, pour ceux qui ne pouvaient courir à l'Esplanade, pour les enfants, pour les vieillards, un refuge agréable. Aucune voiture n'y passait. Loin du tapage et des embarras de la rue on venait goûter là le calme et le frais. La Moselle lente et moirée câlinait doucement le rebord de la terrasse, où les rentiers chauffaient leurs rhumatismes. Ils regardaient les blanchisseuses tapant leur linge, les chalands qui passaient, les pêcheurs, dans l'eau jusqu'aux genoux, rivalisant d'astuce avec la perche et le goujon; ils observaient les reflets de l'onde dansant sur les pierres du quai et les balcons de fer forgé fleuris de géraniums. Ou bien, levant les yeux vers les hautes verrières de leur cathédrale, ils l'admiraient une fois de plus. L'endroit était charmant, ombragé, silencieux, et la pointe de l'île, comme l'éperon d'un vaisseau, penchait sur la Moselle.

Hélas! le jardin d'Amour a disparu. Un horrible temple protestant, d'un style archaïque emprunté aux bords du Rhin, un vilain monument balourd et disgracieux a succédé aux beaux arbres culbutés. Heureusement, la nuit tombée, les pierres sont invisibles et deux marronniers échappés au désastre, vers la pointe de l'île, avec un peu d'illusion, permettent de supposer que Metz possède encore un jardin d'Amour.

SILHOUETTES MESSINES

Mon père, faites-nous la grâce de nous délivrer des Allemands.
(Inscription lue sur la tombe du père Potot au cimetière de Metz.)

D'un logis en pierre de taille, d'allure modeste, un vieillard, droit comme une épée, sort tous les jours à la même heure vers la fin de l'après-midi, quand le jour baisse et que, dans les rues étroites, les passants se croisent sans se reconnaître. Il tient en main une canne de jonc à bec d'ivoire ; sa haute stature se dessine sous une redingote croisée sur la poitrine. Il a gardé la moustache et l'impériale des soldats du second Empire.

La consolation du vieux Messin est de parcourir ces rues dont l'aspect n'est pas modifié, passages peu fréquentés, sombres, silencieux, où l'esprit peut rêver à son aise à l'ancienne gloire de Metz. Chèvremont, la rue des Trinitaires, la rue de la Bibliothèque, la rue du Haut-Poirier, quartiers déserts où rien n'a bougé depuis quarante ans. Notre promeneur aime cette illusion. Tous les jours, on le voit longer le mur du palais des rois d'Austrasie, jeter un coup d'œil curieux sur l'hôtel où vivait Valentin Busch, le grand maître verrier de la cathédrale, et contempler d'un air admiratif la tour de Saint-Livier, qui rappelle la plus belle époque de la République messine, le temps des bourgeois chevaliers, des franchises municipales.

On n'imagine combien le culte de l'histoire est ancré dans le cœur d'un vieux Messin. Celui qui gravit le haut de Sainte-Croix sait qu'il foule les décombres de plusieurs villes superposées. Vingt fois brûlée, Metz a toujours su renaître de ses cendres. Elle fut gauloise, romaine, austrasienne, tour à tour visitée par l'empereur ou le roi, flambée par les barbares et défendue par sa bonne artillerie : son clair génie, comme une fine étamine, a tout reçu, tout purifié. De tant d'épreuves et de tribulations est résulté ce tempérament messin si bien adapté aux difficultés de la vie, si philosophe, si tolérant d'apparence, au fond si opiniâtrément attaché à ses traditions, à ses souvenirs.

Pourquoi préférer ces vieux quartiers tristes aux nouveaux? C'est qu'ils ont la beauté d'une amitié fidèle. Les maisons n'ont rien qui nous choque. Leurs balcons élégants nous plaisent. Rue des Bons-Enfants, rue Pierre-Hardie, rue Taison, voilà de vieux noms qui sonnent agréablement aux oreilles. Qu'il est doux de s'y promener quand on connaît par cœur l'histoire de ces rues, de ces demeures, des corporations, des couvents, des casernes qui les occupaient, quand chaque niche de saint, chaque enseigne vous est familière et qu'un corridor sombre vous rappelle un souvenir d'enfance, une partie de cache-cache, une bataille de boules de neige.

L'intérêt, le charme d'une ville ne se mesurent pas à la largeur de ses boulevards. Quelle place moderne de Metz rivalisera avec la vieille place Saint-Louis aux arcades magistrales ? C'est là, sous ces voûtes en ogive, que s'installaient au moyen âge messieurs les changeurs de Metz, Lombards ou Florentins. L'ombre de leurs grands doigts crochus qui comptaient les florins a couru sur ces murs de pierre, plus d'une boutique obscure cachait de prodigieux trésors. Les gens de Metz n'ont jamais fait grand étalage de leur richesse, mais elle était solide et profonde.

Le quartier de la rue Mazelle a conservé aussi son originalité. Place des Charrons, rue Vigne-Saint-Avold n'habitent que de braves gens, ayant gardé la politesse native qui distinguait le peuple messin. Quartier bien animé les jours de marché, quand l'auberge de la côte de Delme regorge de campagnards et que, sur la place Mazelle, les gros chevaux de labour, un tortillon de paille tressé dans la queue, trottent devant le maquignon.

Grand Dieu ! quelles sont ces détonations ? Voici les derniers remparts qui s'écroulent. Adieu, beaux murs, courtines et fossés, tours majestueuses où les artisans faisaient le guet, bastions redoutables, armure bosselée qui portait la trace des boulets et la cicatrice de trente sièges, nous n'irons plus jouer sur vos verts glacis, ni nous baigner aux pieds de vos murailles dans les eaux vives de la Seille. Cependant, vieux bourgeois d'une ville fortifiée, le Messin restera toujours prudent, avisé, craignant les stratagèmes. La défiance est son péché mignon.

Il est dur de se dire : notre génération ne verra pas ses rêves réalisés. Nous sommes des sacrifiés, nous faisons le pont pour que nos fils puissent passer la rivière. Sinon, c'est la débâcle. Il est dur de souffrir et d'attendre, et d'endurer la honte des années, des quarts de siècles sans voir luire à l'horizon la plus petite étoile.

Un peu attristé par la disparition de tout ce qu'il aime, le promeneur revient par le quartier Saint-Eucaire, l'un des plus populeux et des plus pauvres de la ville. Le soir tombe. Les enfants s'interpellent en jouant : Charles ! Henri ! François ! Louis ! Ces vieux noms de rois de France résonnent, cris d'hirondelles, dans la ruelle obscure, et le vieillard se réjouit en songeant que, si les remparts sautent, il n'existe dans aucun

arsenal de dynamite assez puissante pour arracher au peuple
sa langue maternelle.

.*.

Tous les jours, à une heure sonnant, se déroule sur la place
de la cathédrale un spectacle imposant. Un escadron de cinquante balayeurs, divisé en trois pelotons, se tient rangé en
ordre de bataille devant les grilles du marché couvert. Les
hommes sont coiffés d'une casquette noire. Les brouettes
réglementaires de même taille sont rangées à l'alignement. Ils
sont là cinquante, immobiles sous les armes, la pelle et le ba-
lai dressés sur la brouette, l'arrosoir fixé contre la planche, la
roue bien graissée, attendant les ordres de leur chef. Soudain,
au tournant de la place d'Armes, apparaît un homme à cheveux
blancs, d'une tournure martiale, une grosse canne à la main.
Ce fonctionnaire, bien qu'en veston et en melon, est le colonel
des balayeurs. Son aide de camp, coiffé d'un modeste chapeau
de paille, l'accompagne. Ils discutent le plan de bataille de la
journée et vers quels quartiers ils lanceront leurs colonnes.
D'une voix retentissante, le vieux donne les ordres, lève la
canne. L'aide de camp transmet ses commandements. Les
brouettes défilent respectueusement avec la gravité allemande
devant leur chef, les balais s'inclinent et, par toutes les rues
qui aboutissent à la cathédrale, les soldats courent à leur poste
de combat. C'est un spectacle impressionnant. Le public fait
cercle autour de cette armée et passe en revue les serviteurs
de la Cité. Quand le dernier balayeur a tourné l'angle de l'édifice, satisfaits de leurs hommes, le colonel et son lieutenant vont
boire à la brasserie.

Il convient d'ajouter que les rues de Metz sont assez propres.
Mais n'est-ce pas comique de penser que tout, jusqu'aux
balayeurs, y est militarisé?

.
. .

Les Allemands, depuis l'annexion, ont fait un formidable effort pour enter sur l'arbre gaulois une greffe germanique. Des nuées de professeurs se sont abattus du ciel de la Baltique sur les vergers lorrains. Ils ont mission d'implanter en Lorraine la langue allemande, la méthode allemande, le patriotisme allemand, magistrature qui les gonfle d'orgueil. Une maîtresse d'école se croit une colonne de l'Empire. Grassement payés, les instituteurs s'imaginent régenter les cerveaux lorrains comme un régiment à la Kœpenick. Réussiront-ils de ce peuple messin, vif et enjoué, gai, pétillant comme le vin de ses coteaux, Français depuis qu'il existe une France, à faire en quarante ans d'authentiques Teutons? J'en doute. Autant essayer de capter le frisson de la Moselle.

Les livres de classe sont allemands, l'histoire est enseignée à l'allemande, c'est-à-dire que le culte des héros de France en est banni et les gloires nationales inculquées au petit Messin ne sont pas celles de ses pères. On veille même en dehors de l'école à la royauté de l'Allemand. Aux écriteaux pendus aux murs, aux étalages, aux enseignes, rien que des mots allemands. « Quand mon maître, les jours de congé, me surprenait à parler français dans la rue, me disait un jeune Messin, j'étais puni le lendemain. » Ils s'imaginent, par des mesures de rigueur, niveler les âmes, comme on rase les remparts d'une ville. Quelle illusion ! La maison, la table de famille défont l'œuvre du maître d'école. Où la violence d'un pédant croit réussir, la douceur d'une mère, sa tendre voix embellissant le foyer et les larmes que certains affronts lui ont fait verser retiennent par des chaînes de soie le fils à la langue maternelle. La police et les règlements n'y peuvent rien. La plus belle langue est celle dont les mots consolent et font jaillir en nous des étincelles.

.*.

Mon ami Jean a cinq ans. Il sait lire dans un grand livre d'images l'histoire de Bertrand du Guesclin ; il n'aime d'ailleurs que les récits de guerre, d'aventures et de coups de main. Quand il part à l'école, le matin, son sac sur le dos, sa pèlerine au vent et sa casquette en bataille, il a déjà l'air d'un petit soldat, crâne et déluré, et la sœur de la salle d'asile avec lui n'en mène large. « Il me fera mourir », dit-elle du polisson. Elle dit cela quand elle est fâchée. Le reste du temps, elle parle allemand, car elle arrive de Prusse, où son ordre, la Miséricorde, se recrute. C'est une sentinelle vigilante que l'Empire a mise là pour pétrir quelques fronts lorrains. Les fronts résistent.

Mon ami Jean n'aime pas la sœur. Il trouve qu'elle n'est guère jolie, qu'elle gronde toujours, qu'elle apprend des histoires qui n'ont aucun sel, des chansons ennuyeuses, des prières en allemand que le petit Jésus ne comprend pas, et surtout qu'elle donne des tapes. Quand la sœur lève la main sur sa frimousse rebelle, il se précipite au-devant du coup et il est persuadé que la sœur se fait très mal, ce qui le fait rire en dedans.

Jean, comme tous les petits garçons, aimerait volontiers la chère sœur. Mais comment s'intéresser à une personne qui parle toute la journée un langage inintelligible? Chez lui, quand il est à table, Jean comprend tout ce que disent son papa et sa maman ; de temps en temps, il place même son mot, judicieusement. Mais à l'école il ne comprend rien, rien de rien, il se sent tout dépaysé et tout bête, il use ses culottes pour le roi de Prusse. Si la sœur parlait français et non allemand, Jean la comprendrait et, au lieu de lui faire des pieds de nez dans le dos, il s'instruirait.

Ils sont tous comme lui à l'école. A part quelques enfants d'officiers et de fonctionnaires ou des riches qui ont eu des bonnes allemandes, ses petits camarades, comme lui nés et élevés dans de vieilles rues de Metz où les pierres depuis douze siècles n'ont résonné qu'à des mots français, sont aussi ignorants.

En récréation on se rattrape. Et les petits Allemands, est-ce qu'on joue avec eux? Mais non, puisqu'ils ne savent pas le français. On les laisse dans leur coin. Quelquefois cela finit par des batailles.

Ceux qui croient à la fusion des races devraient venir se promener un jour d'hiver dans le quartier Saint-Eucaire, quand les pelotes de neige voltigent entre deux camps d'écoliers belligérants. Au tournant des rues les partis s'attendent et se défient, la mitraille vole au commandement comme une décharge de mousqueterie, et plus d'un rentre à la maison les doigts gelés, l'œil noir et la figure endolorie. C'est la revanche des heures de classe où, d'une oreille distraite, on écoutait patoiser la sœur. Dans les rues du Champé et de l'Épaisse-Muraille, dans ces corridors de ville fortifiée, le petit Messin se retrouve chez lui et le sang batailleur de sa race se réveille.

Ces soirs-là Jean, fatigué, tombe de sommeil après souper; il n'a plus la force d'ouvrir son Bertrand du Guesclin et, quand sa mère l'emporte au lit, ses grands yeux courageux se ferment. — Allons, dis ta prière avant de t'endormir. — Je ne m'en souviens plus. — Dis celle que t'apprend la sœur! — Ah! non, par exemple... Et Jean se réveille pour réciter d'une voix claire son *Pater* en bon français.

LES CHAMPS DE BATAILLE

La guerre est moins onéreuse que la servitude.

VAUVENARGUES.

Un pèlerinage aux champs de bataille autour de Metz est
pour tout Français un exercice désagréable et humiliant. On
souffre de visiter ces lieux arrosés du sang de nos pères et de
sentir sur soi les prunelles curieuses, droites et sévères des
femmes du pays messin qui ont l'air de nous dire : qu'avez-
vous fait pour les venger?

En parcourant ces plaines immenses où se sont heurtés les
cuirasses et les chevaux, aujourd'hui garnies de blé, de trèfle
et d'avoine, l'œil est à chaque instant accroché et retenu par
de petites croix de bois blanc, semées au milieu des terres.
Ici la fosse ne contient qu'un soldat. Plus loin on a jeté pêle-
mêle sous la même herbe Français et Allemands qui frater-
nisent dans la tombe. Cependant ces champs funèbres n'appellent aucunement des pensées de mansuétude et d'oubli. Et,
d'ailleurs, l'arrogance des touristes germaniques qui les visitent,
leur vilaine façon d'affirmer qu'ils se souviennent de la victoire,
obligent le plus poli de nos Français à mettre un frein à ses
avances. Le vainqueur est décidément trop insolent, il nous
rappelle que nous sommes ici sur une terre que ses parents lui
ont conquise. Nous allions l'oublier. Il se charge de nous
faire respirer le talon de sa botte.

On a réuni dans un grand ossuaire, à Gravelotte, tous les morts de la meurtrière bataille du 16 août et des plaques de marbre, incrustées d'or, rappellent aux jeunes générations de l'Allemagne le nombre des régiments, d'officiers et de soldats tués dans ces sanglantes affaires, où s'est fondé l'empire prussien. On ne peut que louer cette piété de détail si touchante et qui n'oublie aucun brave. Un ange doré, sculpté et donné par l'Empereur, orne ce cimetière. Médiocre statue mais la puissance du sentiment hiérarchique est telle en Allemagne qu'on se croirait coupable de lèse-majesté en déniant à cette grossière idole la majesté d'un Michel-Ange. Soit.

Mais pourquoi avoir mutilé le petit cimetière de Saint-Privat, notre cimetière, illustré par Alphonse de Neuville, celui dont toutes les tombes furent défendues une à une dans la mémorable retraite de Canrobert qui lâchait, le cœur plein de rage, une position désespérément défendue par ses troupes seize heures durant? A quelle pensée niveleuse et profane a obéi l'administration prussienne en détruisant ce lieu historique où tant de gloire a frémi, où tant de héros ont succombé, pour en faire un square inutile où se dresse un plat monument élevé à qui? Au vieux curé de Saint-Privat dont la courtisanerie politique est malheureusement trop connue. Là où tant d'hommes, fidèles au drapeau, ont trouvé la mort, il est étrange d'élever une pierre commémorative à l'un des premiers qui l'ait abandonné après l'annexion.

PETITES VILLES
DE LA SEILLE

CHATEAU-SALINS, VIC, MARSAL

Oncques ne fut pays meilleur.

De Metz à Château-Salins, de belles routes courent à travers
le pays messin. Elles sont souvent ombragées de hauts peupliers selon l'ancien usage. Elles tracent dans une contrée
mollement ondulée de grands sillages frémissants. Elles montent et descendent les collines comme des processions de péni-
tentes voilées.

Les villages ont gardé leur aspect militaire, les maisons serrées autour du clocher. Les toits rouges de tuiles rondes s'abaissent en pente douce sur les jardins, sur la campagne; leurs
lignes se confondent avec les plis du terrain. Il y a dans leur
groupement une adresse, une habileté, beaucoup de méfiance.
Ce ne sont pas de ces villages éparpillés qui dressent, comme
les normands, un fin clocher de dentelle sur des vergers fleuris. Ici le coq de l'église domine à peine les toitures inclinées,
disposées en bataillons autour de lui et faisant front vers les
quatre coins de l'horizon. C'est un pays habitué à la guerre. Il
en a souffert, telle est sa destinée. Il l'accepte. Il en tire même
un haut orgueil.

Dans ces villages, on mène une vie plantureuse. Le pays messin est un pays de vignobles. Ses crus légers, colorés, piquants ont des qualités rares. Le Dornot, le Scy, le Beuvanges sont achetés par des maisons de champagne allemandes (Schaumwein) qui les font mousser. Quelle erreur ! « Pourvu que ça pétille, ils sont contents », nous disait un Lorrain. Mais *ils* ne savent pas apprécier le bouquet de ces vins délicats, leur goût de pierre à fusil, un je ne sais quoi qui éveille l'esprit et l'encourage à la raillerie.

.˙.

A Château-Salins, peuplé de fonctionnaires, nous avons fait un court séjour. La ville est ennuyeuse. Au café, qui est bien le café type des petites sous-préfectures, un internationaliste à la barbe sale, quelque valet de gouvernement, essayait de persuader à deux braves Lorrains que les Allemands valaient les Français, que toutes les patries devaient n'en faire qu'une, l'Europe universelle, etc. Les Lorrains incrédules se moquaient de son bavardage. Il était la risée de toutes les tables.

Un charme du paysage, en ce moment, est la cueillette des houblons. Les alentours des communes sont garnis d'une forêt de lances sur lesquelles s'enroule la jolie plante légère. Tout le village est occupé à dépiquer ces lances, à les dépouiller de leurs lianes. Une odeur grisante monte de ces champs piétinés. La grande coiffe monacale des paysannes lorraines, la hâlette, prête à tous les travaux rustiques une grâce, une noblesse incomparables.

Rien n'égale la beauté d'un fond de vallée sur lequel l'ombre du soir descend. Les faneuses sont encore à l'ouvrage ; on les voit soulever d'un geste gracieux le râteau chargé de foin. Comme la journée est belle, toute la maison est aux regains, bien que ce soit dimanche. Les filles ont des tabliers blancs, les hommes une blouse propre. Quand les chariots volumineux forment la pyramide, on hisse sur le sommet du tas les fillettes, les enfants, et le cortège triomphant descend la grand'route et gagne une petite ferme isolée sous de vieux saules.

J'aime toujours voir le soir tomber sur un paysage lorrain. Les forêts s'éclairent déjà de taches d'or qui se reflètent dans les étangs. Comme cette terre recueillie invite à la rêverie ! Comme le bon sourire des petites filles qui ressemblent à nos Vierges gothiques, avec leurs beaux yeux éclatants ou malins, est réconfortant !

Nous sommes arrivés, la nuit tombante, à Vic. Cette petite ville est un enchantement. Elle conserve plusieurs monuments et des souvenirs de l'époque où les évêques de Metz l'ont habitée, exil qui dura plusieurs siècles. Sa vieille église a souffert pendant la Révolution et les épitaphes que les bourgeois de la ville se plaisaient à faire graver sur les murs extérieurs du moutier ont été stupidement mutilées. C'est bien dommage, car elles étaient d'un excellent style. Un petit portail, finement sculpté, a été heureusement épargné. On y voit saint Gall, disciple et compagnon de saint Colomban, apprivoisant des ours, bénissant des chevaliers qui partent à la croisade et prêchant son couvent. C'est un bon morceau de sculpture naïf et d'un anachronisme touchant. Comme le moyen âge savait exprimer sa pensée en peu de traits ! Quant aux ours, ils ne sont peut-être qu'une figure, les disciples de saint Colomban ayant évangélisé la Germanie.

J'ai remarqué aussi dans l'église (et quelle charmante église !

basse, aux arcs surbaissés, où la prière doit monter aisément comme dans une église bretonne), un saint Yves extrêmement élégant, très élancé dans sa houppelande flottante. Les avocats, au quinzième siècle, ne s'affublaient donc pas du ridicule costume qu'ils ont adopté de nos jours.

Les demoiselles de Vic ont une réputation de beauté : leurs yeux sont vifs, leurs joues vermeilles, elles ont la taille bien prise, elles portent gentiment la coiffe nationale. L'empereur le leur a dit dans une récente visite. Quelques profils entrevus dans la fente d'une persienne nous ont permis de comprendre pourquoi les habitants de Vic n'ont aucune envie de quitter leur petite ville.

Il règne dans cette contrée un patriotisme urbain des plus drôles. Vic méprise Château-Salins, la sous-préfecture, et Marsal, une ruine. Vic ne croit qu'en lui-même, en sa jolie rivière, en son vignoble, en sa grand'place où, le soir, un café est ouvert jusqu'à minuit, en ses demoiselles dont les charmes font le bonheur de Vic. Ces philosophes sont parfaitement heureux.

La *Monnaie de Vic*, trop savamment restaurée l'an dernier, est une curieuse maison gothique ; les sculptures en sont un peu lourdes. Je leur préfère l'exquise figure de Vierge en pierre, à demi enchâssée dans le chevet de l'église, où je distingue mieux la finesse et la douceur lorraines.

M. Lamy, conseiller général, a installé dans la Monnaie de Vic un musée local. Les sceaux de la ville, les monnaies épiscopales, les meubles lorrains commencent à le garnir. La famille d'Hoffelize, alliée aux O'Gorman de Nancy, a fait jadis construire cette demeure. Les archéologues discutent pour savoir si l'évêque a battu monnaie ici ou plus loin. Tout cela est bien superflu. Le principal est qu'il existe un musée lorrain à Vic, que les habitants y viennent, que ces souvenirs nationaux les ancrent de plus en plus dans la pensée qu'ils sont avant tout Lorrains particularistes et résolus à ne pas se laisser absorber. M. Lamy représente bien ce type lorrain têtu, plein de bonhomie, de rondeur et d'une merveilleuse diplomatie. Il fallait voir sa figure réjouie, fine et moqueuse, quand il nous expliquait les revendications de la Lorraine.

Marsal a subi des sièges. Elle a connu Fabert. Nos armées, au dix-septième siècle, l'ont disputée aux Impériaux. Garnison aujourd'hui délaissée, Marsal n'a pas détruit ses fossés, ses remparts, ses portes de citadelle décorées de trophées français : c'est une impression très curieuse de pénétrer dans cette ville qui a gardé son appareil guerrier et qui n'est plus peuplée que de laboureurs et de vignerons. J'ai remarqué cependant, chez l'habitant, la tournure, l'air décidé, la parole brève et claire du troupier français.

A Marsal, on voit encastrés dans les murs des boulets russes, des boulets prussiens. La première visite des Allemands, en 1870, fut accompagnée d'une pluie d'obus. La ville n'avait que quelques dépôts incapables de résister. Elle se rendit. Quand on pense que ce peuple de braves a été vendu à l'Allemagne et nous sert de rançon, cela devrait bien nous faire réfléchir.

C'était l'heure de la grand'messe à Marsal. Une cloche, une belle cloche d'autrefois, lente et profonde, sonnait en haut de la tour romane. Les murs énormes de l'église vibraient. Quelques garçons causaient sur le parvis jonché de feuilles mortes, sous des châtaigniers dorés par l'automne. Les filles entraient deux par deux, coquettes dans leurs robes de toile, coiffées de jolis chapeaux enrubannés. L'intérieur de la nef, éclairé doucement par les arcades romanes, s'emplissait de fidèles; les bancs de chêne se garnissaient de vieux bonnets lorrains, et déjà les anciens, ayant mis leurs lunettes, lisaient les grandes majuscules de leur livre de messe. Trois couronnes de pain frais, garnies de fleurs des champs, étaient posées au pied de l'autel. Les enfants de chœur s'agitaient autour des cierges. Un suisse, habillé comme un grenadier de Napoléon, habit bleu et plastron de drap blanc croisé sur la poitrine, magnifique sous son plumet droit, attendait, la hallebarde sur l'épaule et la canne à la main. Ce cérémonial dans une si petite ville était étrange. Marsal, pauvre village, veut encore faire bonne figure dans le monde. Fierté lorraine.

L'horloge sonnait les dix coups sonores. Clopin-clopant, les vieux retardataires se pressaient autour du bénitier, et l'orgue tout à coup s'est mis à ronfler majestueusement. Quelle belle chose que le catholicisme, à la campagne, pratiqué avec ferveur, croyance et majesté! comme ces messes de village m'ont toujours plus impressionné que celles de nos paroisses urbaines, où tout devient triste et machinal! Partager la couronne de pain bénit entre tous les fidèles, jolie coutume que les prêtres des villes ne devraient pas laisser perdre.

Vous arrivez à l'improviste dans une maison lorraine. Vous y trouvez le pot-au-feu, le rôti qui vous attendent, une nappe blanche, des confitures, du pain savoureux, de l'eau-de-vie de mirabelles, du vin rose, le tout servi par une famille aimable, où chacun s'empresse à vous faire fête, dès que l'on devine que vous êtes Français. Pendant le déjeuner, un phonographe a joué à notre intention. Je n'aime guère le phonographe, mais celui-là jouait la marche de Sidi-Brahim, surnommée ici : Panpan! l'Arbi (c'est moins compromettant). Nos hôtes écoutaient cette musique avec un tel ravissement que nous nous sommes laissé émouvoir à notre tour.

On trouverait comiques, en France, ces incidents. Ici, ils deviennent touchants. Votre hôte lève son verre et boit à la France. Et ce n'est pas un toast banal. La France, cela signifie, pour lui, la patrie qu'il désire retrouver, les vieilles amours qui lui tiennent toujours au cœur, et cela veut dire aussi le mépris du vainqueur, une admirable confiance dans l'avenir qui réparera toutes les injustices. Les Français devraient venir en Lorraine pour y reprendre l'espérance.

Le paysan qui vous croise sur la grand'route se demande d'abord qui vous êtes. Il écoute de loin votre conversation. Vous parlez français. Il entre en confiance, il vous salue en passant d'un : Bonjour, Messieurs, franchement dit; il ne demande qu'à entamer l'entretien. Population remplie de bonne grâce et de gentillesse, heureuse de causer, de plaisanter; charmant peuple ennobli, perfectionné par la douleur, comprenant la vie à la façon cornélienne, c'est-à-dire avec un idéal de fermeté et d'honneur, voilà cette bonne Lorraine que nous avons perdue et que nous avons tort d'oublier.

UN PAYS
D'ARISTOCRATIE RURALE

Heureux le paysan auquel, en héritage,
En plus de quelque coin de glèbe à défricher,
Ses aïeux ont légué le conseil simple et sage
D'aimer sa liberté, son chaume et son clocher.
Alex. de METZ-NOBLAT.

Ces grandes fermes de la vallée de la Seille, logées dans les murs d'une antique gentilhommière, avaient toutes, il y a quarante ans, un air d'aisance et de richesse. La terre rendait bien, la culture était facile, les prés humides et gras, et l'on vendait sans peine bétail et vendange à Nancy. La Seille poissonneuse fournissait à foison brochets, tanches, perches, anguilles et barbeaux. La plus humble chaumière s'ornait d'une glycine. Malgré l'âpre vent de Lorraine, à force de soins, les chrysanthèmes et les dahlias, les arbres de Judée poussaient dans les jardins, abrités sous de gros noyers et des rideaux de thuyas sombres. L'extrême misère était inconnue. La charité des châtelains, qui n'avaient pas déserté leur manoir, et des gros fermiers, dont la main s'ouvrait largement, soulageait toutes les infortunes. Les propriétaires de la Seille étaient renommés pour leur rustique bonhomie; leurs filles étaient de beaux partis, leur douceur attirait, leurs grands yeux étaient pleins de lumière.

On voit souvent au milieu des villages, les dominant, une
maison plus haute que les autres. Elle a l'aspect d'une forte-
resse. Ses fenêtres sont rares, ses murs épais, flanqués d'un
talus à la base. Il ne lui manque que les créneaux.

On les appelle encore des maisons fortes. Dans le moyen
âge tourmenté que ce pays a connu, elles servaient de refuge,
de grenier, de citadelle aux plus riches cultivateurs de la contrée, à leurs aides et tenanciers. On y pouvait au besoin soutenir un siège.

Le pays a beaucoup souffert de l'annexion. Les châteaux ont
été abandonnés et, le maître n'étant plus là, le produit de la
terre a diminué. Plus de berlines à la porte de l'église le
dimanche, plus de majordome ni de train de maison. Les pauvres ont perdu leurs bienfaiteurs, remplacés par des fonctionnaires, douaniers, percepteurs, gendarmes, maîtres d'école,
engeance famélique que l'on dirige vers la Lorraine comme
vers la terre de Channan. On n'a plus entendu parler que de
procès-verbaux. L'infâme espionnage a pénétré jusque dans les
familles. La Seille qui courait doucement dans les prés est
devenue, du jour au lendemain, la ligne de démarcation de
deux peuples irréconciliables, et l'on a dû cesser de voisiner
avec les frères et cousins de l'autre rive. La vie est devenue
intolérable. Tous ceux qui le pouvaient ont passé la frontière,
laissant derrière eux des maisons qui tombent en ruine, des
jardins où les orties ont étouffé les roses.

Ces paysages de la Seille, larges horizons baignés de lumière,
ces molles prairies cernées par des coteaux harmonieux et semés

de beaux bouquets d'arbres, de petits bois et de villages reliés
l'un à l'autre par des routes plates bordées de peupliers, ont
un aspect calme, solide et reposant. Le cœur se laisse prendre
au pur et profond regard des enfants, à la beauté placide des
femmes, à la sérénité de ces grands pâturages virgiliens sur
lesquels monte si doucement l'ombre du soir.

Il n'en est pas de même des côtes, rude pays de vignerons,
aux chemins raboteux qui serpentent dans la pierraille du
coteau comme des couleuvres vives. Là le verbe est plus haut
et les regards moins bucoliques.

Pourtant des blouses bleues, d'un bleu naïf, encore raides
et empesées, sortant de l'armoire, circulent sur les grand'-
routes. C'est plaisir de voir flâner ces beaux hommes séchés,
raidis, bronzés par la fatigue de la semaine et d'admirer comme
ils portent le cou haut et droit. Les petites filles habillées de
bleu des pieds à la tête et les tabliers blancs s'en viennent
jouer au bord de la rivière qui tourne dans les herbes. Des
femmes avec des fleurs dans les mains vont faire une pieuse
visite au cimetière.

A chaque tournant de route, aux carrefours des sentiers de
vigne, des croix de pierre, de bois vermoulu rappellent que le
pays est catholique, obstinément.

Les colchiques d'automne donnent à ces prairies du fond de
la Seille, vers le mois d'octobre, une teinte violette et mélancolique. La rivière glisse doucement sous un rideau de saules
et de roseaux tremblants, elle tourne paresseusement dans des
prés où paissent de grands troupeaux et des chevaux de labour,
parfois plus de cent, qu'une petite fille pousse avec un fouet
et des cris hardis.

C'est dimanche. Le ciel est nuageux. Beaucoup de cultivateurs s'empressent de rentrer leur foin. Il revient par les che-

mins, où traînent déjà les vapeurs bleues du soir, des chars volumineux, hauts et graves, sur lesquels une famille se repose, des petits enfants aux yeux clairs, au regard ferme et fier, regard des Lorrains, regard de fleur sauvage : qui s'y frotte s'y pique.

LA PRINCESSE DU SAINT-EMPIRE

La fenaison est un travail léger qui laisse au corps toute sa liberté et sa grâce. Mademoiselle de Saint-Martin était tout à fait jolie quand elle fanait. Elle avait une façon élégante d'amasser l'herbe ou de la disperser, elle jouait du râteau comme une bergère de sa houlette, et quand j'apercevais sur le talus du parc la silhouette lumineuse de cette simple paysanne, je songeais, malgré moi, au hameau de Marie-Antoinette, à ce siècle de raffinement où les grandes dames se transformaient en divinités bocagères.

La Saint-Martin, comme on l'appelait au village, était une grande fille un peu maigre, elle avait un visage extrêmement régulier, des traits purs, marqués de cette douceur mélancolique si fréquente en Lorraine, suave tristesse, comme il en plane sur les joues des vierges de Raphaël, rêverie, résignation presque italienne. Son air délicat attendrissait. Comment les travaux des champs, les stations, courbée, dans les lignes de pommes de terre et dans les vignes avaient-ils respecté cette charmante taille? Pourquoi ce buste si fragile n'était il pas carré et coupé à grands coups d'ébauchoir, comme l'étaient toutes les honnêtes filles du village qui ressemblaient à des pierres mégalithiques? Pourquoi ce teint de pêche et ce cou blanc où les veines bleues s'entre-croisaient comme les chevrons d'un blason héraldique? Problème, je dois le dire, qui ne passionnait personne. Levée comme ses compagnes au premier

Angelus, la Saint-Martin suivait son vieux père dans quelques pièces de terre qu'ils cultivaient péniblement. Au village, chacun creuse son sillon. Nul ne s'inquiète si vous avez les mains blanches et un corps de reine sous la dure chemise en toile de chanvre.

La noblesse lorraine comptait jadis un certain nombre de princes du Saint-Empire. Quelques-uns ont maintenu leur rang et leur fortune, pour ne citer que les Beauvau. D'autres ont déchu, sont tombés dans une noire misère. Le vieux paysan, aujourd'hui détenteur du titre et des parchemins de l'illustre famille des Saint-Martin, comtes de Saverne et de Dabo, seigneurs d'Abreschwiller, de Saint-Quirin et autres lieux, estimait sans doute qu'un hectare de bonnes terres à labourer eût mieux valu que cette noblesse authentique et surannée. Mais la sève de sa race, indifférente à ses calculs, avait produit, dans sa fille dont il ne se souciait guère, un fruit savoureux, une beauté de salon exquise et touchante. La qualité d'une nation est faite de ces grands mystères de famille et, quand nous disons d'un vieux peuple qu'il a du sang dans les veines, il faut entendre qu'il hérite de vingt générations qui se sont efforcées d'acquérir de l'honneur ou de la vertu.

Rien n'était plus gracieux que l'abandon, l'allure dégagée de cette jeune fille quand elle offrait, le dimanche, le pain bénit à la grand'messe. Les familles, selon la coutume, se relayent pour le donner à la paroisse, chacune à leur tour, et les plus pauvres réclament de ne pas être dispensés de cette redevance. La Saint-Martin traversait, d'un pas balancé, la nef de la vieille église ; elle sortait des derniers bancs où se trouvent les plus modestes et tout le monde admirait, sur son passage, sa bonne mine et son doux maintien. Ce jour-là, avec sa brioche de pain doré dont toute la paroisse bénéficiait, n'était-elle pas un peu la reine du village? En Lorraine, où la moquerie vole comme l'alouette, ces royautés, même éphémères, peuvent être bafouées. Personne ne songeait à rire quand la belle de Saint-Martin apportait son offrande au curé. Elle avait malgré elle un air de distinction et d'autorité qui en imposait aux petits fermiers farauds, fermait le bec aux commères médisantes et faisait crever de dépit la boulangère dans son corset trop serré. En atteignant le haut bout de l'église, la princesse du Saint-Empire reprenait sa place naturelle, le premier rang auquel sa beauté d'aristocrate lui donnait droit. Triomphe de peu de durée, où le visage, pur comme un éclair, resplendissait.

Des garçons du pays m'ont dit que la Saint-Martin dansait comme une fée. Les dimanches de printemps, l'usage est de gagner, à travers bois, une grande pelouse où un bal champêtre s'improvise sous les tilleuls. Les quinconces servaient autrefois de promenoir et de belvédère aux chanoinesses. Les valses y ont succédé aux doux entretiens des religieuses de ce chapitre noble que la malice populaire appelait les « Chambrières », par opposition aux « Dames » de Remiremont et aux « Demoiselles » de Pouxieux. Ces humbles servantes avaient toujours eu le mérite de choisir leur résidence dans un des plus beaux sites de la Lorraine. Deux rivières unissent leurs eaux au pied de cette montagne qui fut toujours un lieu sacré. Superbe corbeille de collines et de forêts, encerclant des prairies toujours vertes, des eaux vives, un sol baigné de grâce et de lumière. C'est devant ce paysage large, humide et voilé que les danseurs s'enchaînent sous la fleur du tilleul, c'est là que la belle de Saint-Martin ravissait par sa souplesse et sa légèreté un cercle d'admirateurs.

Qui n'a suivi des yeux dans le tourbillon des quadrilles une tête blonde, une fugitive beauté qui passe. La Saint-Martin, au bal, était ce point lumineux vers lequel s'élancent les regards. Ses mouvements égaux et rythmés, son agilité, son sang-froid révélaient, chez cette fille des champs, un apprentissage singulier du monde et de ses usages. D'où tenait-elle cette vivacité charmante, sinon d'une aïeule dont elle gardait la ressemblance ? On voyait sur ses belles hanches une robe à paniers et ses genoux pliants, en une leçon, auraient appris la révérence.

Les jeunes paysans de Lorraine, sains et forts, apprécient surtout chez les femmes l'extrême douceur des manières. La Saint-Martin portait des toilettes blanches ajustées à son corps fin et nerveux. Séduits par la justesse de son goût, ses adorateurs la comparaient à une jeune dame égarée parmi eux.

Le soir, à l'ardeur de la danse succédait l'anxiété du retour, sous les branches, par bandes d'amoureux. Les étoiles frémissent sur les hauts plateaux, un chemin lacté coupe en deux le bois sombre, la nuit sent le muguet. La Saint-Martin avait une très belle voix onctueuse et fraîche, elle chantait tout le long de la route pour charmer ses compagnes et les gros rires de cette troupe villageoise s'apaisaient devant cette musique lorraine d'une douceur angélique, câline et soutenue.

Qu'est devenue cette pauvre héritière d'un grand nom, cette princesse sans terres et sans vassaux, qui n'exerçait plus de suzeraineté que celle de son regard magique? J'aime mieux ne pas y penser. Je me souviens de la vieille maison qu'elle habitait, tout en haut du village, près des fontaines dont l'eau ruisselle sur des cuves de pierre, anciens cercueils mérovingiens. Dans cette Lorraine où les siècles d'histoire se superposent comme des couches d'ardoise, j'aimais à me figurer la lignée de puissants barons, de hauts justiciers, de guerriers et de forestiers dont cet être délicat était la dernière fleur. Il flottait de très anciens, de très beaux souvenirs dans ses yeux gris et profonds. Les aiies du nez s'enflaient parfois d'un souffle de bataille. Elle avait un front magnifique. Ainsi se conservent dans nos villages, adossés aux murs gothiques et aux tombeaux gallo-romains, quelques débris de l'ancienne race des conquérants, de ceux qui n'ont jamais voulu déserter la terre et se sont lentement appauvris avec elle.

LA FÊTE

C'est dimanche et c'est la fête. Le dernier coup de la messe sonne. M. le Curé ne sera pas content si ses congréganistes sont en retard. Par un sentier pavé, bordé de marronniers les filles du village, robes multicolores, fleurs des champs, se hâtent vers l'église. Les persiennes se garnissent d'une rangée d'yeux curieux braqués pour voir passer les belles. Ces demoiselles ont fait assaut d'élégance ; on ne voit voltiger que de franches couleurs, chères aux Gauloises, des rouges vifs de coquelicot, des bleus d'azur, des notes d'allégresse, qui font ressortir le teint des blondes et leurs grands yeux câlins. Habituées au plein air, au travail des champs et des vignes, les Lorraines gardent néanmoins une taille souple et flexible. C'est le plus joli don que le ciel leur a fait. Elles sont nées pour la danse et les jambes leur fourmillent en passant devant les planches neuves du bal qui s'apprête. M. le Curé aura beau dire et beau faire. C'est si amusant de tourner, de valser, de pirouetter dans une cohue joyeuse, entraînée par deux bras vigoureux.

Les murs de l'église tremblent sous les chants alternés des paroissiens. *Kyrie eleison.* La boulangère en retard, pimpante dans sa toilette neuve, entre au milieu d'un froufrou de plumes et de satin et les soldats en permission qui entonnent à tue-tête le *Gloria* se poussent du coude en la voyant. Tous les bancs sont remplis. Les fleurs coupées sur l'autel de la

Sainte Vierge parfument l'air délicieusement. Les enfants de chœur, habillés de robes trop courtes, distraits par le vol d'une hirondelle qui entre et qui sort par un trou du vitrail, sont foudroyés par M. le Curé qui se dépêche d'expédier sa messe et le sermon, une courte mercuriale, d'un ton rude, où l'on n'entend plus voler que l'hirondelle.

On passe le pain bénit. C'est une charmante coutume. Trois petites filles présentent les couronnes de pain au curé qui les bénit et trois gamins le rapportent, coupé, et le distribuent aux fidèles. Les petites filles, moins gauches que les garçons, montent et descendent les marches de l'autel avec grâce. L'odeur douce du froment se mêle à la fumée de l'encens et chacun déguste en silence ce morceau de pain frais, symbole de concorde. Les jours de fête, le pain se transforme en gâteau ; les enfants s'en régalent et les grand'mères en mettent de côté dans leur poche. Quand les paniers passés fraternellement de main en main sont vides, les polissons les reportent à grandes enjambées vers le chœur, frappant du talon le pavé, comme des conscrits.

Qui chante si bien là-haut à la tribune de l'orgue ? C'est la Marie Marquemal, une des plus pauvres du village, la fille du marcaire, mais si gentiment douée pour la musique que c'est plaisir d'entendre un cantique chanté par elle. Cette Marie Marquemal habite avec sa grand'mère, une vieille de quatre-vingt-deux ans, impotente, percluse de rhumatismes, geignante et difficile, mais restée coquette jusque dans son vieil âge : « Allez, ma chérie, je vous soignerai, moi », a dit la petite. Et tous les jours c'est elle qui lave cette vieille femme des pieds à la tête, qui tient ses habits propres et ses bonnets clairs. Tant de bonté a reçu sa récompense. La Marie Marquemal a la voix juste, les cheveux ondulés, un regard tendre où brille une lueur charmante. Qui sait si un jour un beau garçon de charrue, amoureux d'elle, ne viendra pas la prendre à la tribune de l'orgue pour la conduire à l'autel?

Quel silence dans le village pendant la messe! Tous les loquets soigneusement fermés. La grand'route déserte. Les poules dorment sur les fumiers. Le soleil pose doucement sa caresse sur la tuile rouge des granges, sur les potagers, sur les vergers couverts de fruits, sur les vieilles petites maisons qui masquent leur laideur avec un clair feuillage de vigne ou de glycine. On entend dans son auge ruisseler la fontaine. Cependant les cheminées fument; un repas de fête chauffe à petit feu dans le four et les chiens du village viennent, inquiets, flairer sous les clanches le parfum de la « quiche » et du gigot. Au loin la vallée sourit gaiement, les revers habillés par les moissons, le mont tapissé de vignes, les aulnes le long du ruisseau et les prairies étincelantes.

Ite Missa est.

Alleluia!

Chacun regagne vivement sa demeure, car voici que les parents du dehors arrivent et le village se ranime d'un grand bruit de carrioles et de chevaux qu'on mène boire. Rude corvée pour les petits enfants d'être embrassés par tous ces cousins qu'ils n'ont jamais vus! Mais le parfum de la tarte les rassure sur l'essentiel de la fête.

Ce soir, sous les quinquets, dans la petite salle de bal, mal planchéiée, où souffleront, concert sauvage, un piston, une flûte et une clarinette mal accordés, les couples tourbillonneront et les quadrilles feront fureur. C'est dans ces bals de village, naïves assemblées, que se révèlent, inattendus, la grâce et l'entrain au plaisir de ces Lorraines que l'on croyait si graves. Que de galants manèges, d'agaceries, de propos lutins! Elles rappellent par leur coquetterie les amoureuses de Molière.

Elles aiment les bien disants. Le grand crime à leurs yeux est d'être un lourdaud.

Les plus vieilles du village, un flot de ruban à leur bonnet, ne manqueraient pas de faire un tour au bal et de donner un coup d'œil à la jeunesse. C'est extraordinaire comme les yeux des vieilles Lorraines restent limpides et hardis malgré l'âge. L'habitude du travail rend indulgent aux faiblesses d'autrui. Si quelqu'un vient demain leur conter qu'on a vu, sous les noyers, telle fille partir au bras d'un godelureau, elles répondront avec un sourire plein de finesse : « Il faut garder ses poules ! » ou bien : « C'est le péché que le bon Dieu pardonne le plus facilement! » ou encore : « Les hommes, voyez-vous. il faut leur passer trois caprices, et puis, les pauvres, ils sont si faibles et les drôlesses savent si bien les prendre ! »

Mais demain tous, en habits de deuil, assisteront à l'office des morts et porteront des fleurs au cimetière. Tel est l'usage lorrain. Chaque fête patronale s'accompagne d'une messe funèbre. Les parents, les amis, la famille réunie donneront, au milieu des réjouissances, une pensée aux défunts et l'on quittera, pour une matinée, les couleurs de la fête. Signe de vieille civilisation : les tombes ne sont pas oubliées. Dans la fièvre du plaisir on songe à ceux qui ne rient plus. Une idée grave domine les repas, la valse et les baisers et, comme tous les amis, ce jour-là, jour de réconciliation et de tendresse, se tendent la main, on accorde un souvenir, on rend un culte aux morts qui nous ont fait ce que nous sommes.

UN POÈTE DE LA SEILLE

Un jeune poète habitait sur les rives de la Seille un vieux château dont la terrasse domine le pays annexé, les côtes de Delme et de Tincry, la ferme de Raincbois, la forêt de Chambrey et les vapeurs lointaines qui bleuissent la ligne d'horizon du côté des Étangs. Une longue habitude, qu'il tenait de famille, de vivre en contact avec la terre et les paysans lorrains lui permettait de découvrir, au fil de ses promenades, les particularités et les finesses d'un pays dont il connaissait tous les chemins. De retour dans sa petite chambre de malade, il notait les émotions de la journée. La nuit douce avec l'odeur des roses, entrait par la fenêtre à pas de velours et le surprenait, rythmant sur la page blanche l'écho profond qu'il entendait résonner dans son âme. Ainsi jaillirent, comme les nocturnes de Chopin et comme eux tendres et mélancoliques, les vers d'Alexandre de Metz-Noblat, tout imprégnés des grâces et des vertus lorraines. Il venait à peine d'y mettre la dernière main, quand la mort, visiteuse qu'il attendait depuis longtemps, le terrassa, un an juste après que Charles Guérin, son cousin, nous avait quittés. Si le cri d'un mourant est toujours pathétique, celui-ci nous étreint davantage puisqu'il s'agit de l'un des nôtres, enlevé en pleine jeunesse, en plein talent, au moment où la Lorraine, cette déesse aux longs voiles, soulevait en sa faveur un pli de son manteau et lui découvrait lentement son visage.

.˙.

La Lorraine est un pays traditionnel où la noblesse, malgré la Révolution, n'a point perdu toute autorité morale, tout prestige. Les seigneurs n'ont pas déserté les terres patrimoniales. Ils demeurent attachés au sol par les mille liens de la propriété. Un gentilhomme qui possède un château au pays annexé renonce difficilement au plaisir de l'habiter durant la belle saison. Après la guerre la position des châtelains français fut très délicate : il s'en sont tirés à force de prudence et de diplomatie, ils ont désarmé par leur bonne grâce l'administration allemande et, comme ils ne font pas du tout de politique, on les tolère dans leurs vieux parcs dont ils semblent à plaisir laisser croître le feuillage, comme pour abriter mieux leurs souvenirs et leurs regrets.

Une longue avenue de tilleuls à quatre rangées d'arbres conduit au château dissimulé dans la verdure, dans de sombres retraites propices à la méditation. Ces châteaux de Lorraine ont gardé leur aspect féodal, tours du moyen âge et fossés profonds, donjon, cour intérieure, vieille salle de gardes aux pilastres massifs, quelque chapelle gothique d'un style sobre et guerrier, les créneaux, les meurtrières et les couleuvrines qui ont repoussé l'assaut des Suédois ou soutenu des sièges contre les Impériaux. Là, dans ce cadre austère, entre des murs vêtus de lierre dont la solidité n'est plus de notre âge, habitent de vieilles familles militaires, soldats de père en fils, lignée de braves. La propriété de famille sert de refuge aux jeunes ménages durant les lunes de miel, de retraite aux officiers quand l'âge est venu pour eux de s'intéresser aux sociétés d'agriculture et d'écrire leurs mémoires.

Une cloche sonne le dîner. Le son du cor atténué arrive à

travers les branchages. Bien souvent la journée se passe sans
que le village soit autrement averti de cette vie aristocratique
et mystérieuse qui se passe derrière les grilles. Le paysan lorrain garde avec son seigneur les distances respectueuses d'autrefois. Il se moquera bien quelquefois de ses travers, de sa
perruque et de ses bottes, mais c'est une sécurité pour lui et
un honneur de sentir que ses chefs naturels ne l'ont pas abandonné. Une aimable familiarité, des liens affectueux unissent
les maîtres et les fermiers. Aucune arrogance chez ces vrais
nobles. Le régiment les a trop façonnés au contact des hommes
et le pays salue toujours en eux ses capitaines.

Personne n'a mieux qu'Alexandre de Metz-Noblat senti le
charme de cette vie de château, ses élégances, ses histoires
romanesques que racontent les murailles, les tapisseries et les
cheminées, la beauté sombre et secrète du parc aux allées
amoureuses, la poésie des soirs de chasse, le parterre de roses
greffé par un vieil oncle, la bergère préférée d'une aïeule et
la vieille tour de guet, débris glorieux, dont l'escalier en vis
conduit à des réduits poudreux, où sont entassés des titres,
des papiers de famille, les parchemins, les livres de raison,
les épées, les croix et les boulets, arsenal de souvenirs que
fouillera un jour la main brûlante d'un malade cherchant dans
les archives de sa race un dérivatif à son inaction.

De cette noble vie lorraine, un peu spéciale et qu'il connaissait si bien, de Metz-Noblat avait senti le principal attrait, la
délicatesse des mœurs, l'aristocratie du langage, les goûts
fiers, le respect de soi-même, la suprême élégance. Les petits
contes qu'il donnait à *l'Austrasie* sont des modèles de distinction et de finesse. Écrits dans une langue voilée, pleine de
notes rares et suaves, d'accords sourds et vibrants, ils évoquent
la mélancolie, la pensive beauté d'un monde qui disparaîtra.
Quand le dernier gentilhomme lorrain, avec son orgueil et son

entêtement, mais aussi avec sa grandeur, ses hautes manières et sa rudesse, sera couché dans le cercueil, quand il n'y aura plus de châteaux en Lorraine, de ces mystérieux puits d'ombre et de silence où l'influence magique de la race et de la tradition, de temps en temps, se plaît à former un poète, une nature tendre et douloureuse, quand la Lorraine, ayant rasé tous ses manoirs, oubliera son histoire, les contes exquis d'Alexandre de Metz-Noblat resteront le miroir du passé, on y cherchera le reflet de l'ancienne chevalerie et de la courtoisie lorraine, l'écho lointain du cor de Charlemagne et le soupir de la belle Aude.

.*.

> Soir béni, soir pensif, ami tranquille et tendre,
> Compagnon préféré de mon esprit rêveur...

Cette prédilection pour les nocturnes, ce goût passionné pour la musique de Chopin auraient dû nous faire réfléchir. Avez-vous vu tomber la nuit en Lorraine ?

De grands vols de corbeaux parcourent le ciel avec des cris d'effroi et tournoient longtemps avant de se coucher sur la partie la plus sombre du bois. A peine le soleil est-il disparu derrière les collines, que la vallée se refroidit, un souffle agite les branches de hêtres et la fourrure épaisse des sapins où les chouettes, plaintives, commencent à claquer des ailes. La brume se lève. Le fond des prairies se peuple de fantômes. Dans le lointain les petits vachers, que l'approche de la nuit glace d'épouvante, se hèlent par-dessus les champs. Les bêtes rentrent tout doucement, en tondant au passage les fleurs des fossés : on entend dans les chemins creux un piétinement sourd, un bruit d'herbe mâchée et la trompe du berger. Ou bien c'est une herse qui grince et agace les oreilles comme la scie d'un limeur. Dans les champs de pommes de terre, des colonnes de fumée blanche montent, silencieuses, odorantes, et le vent pousse ces fumées vers le bois. Le bois! ce monde obscur où l'arrivée de la nuit, avec ses chuchotements infinis, ses grands silences, a de quoi troubler le passant qui se hâte, de peur de rencontrer, au détour d'un sentier, l'homme barbu ou le loup blanc. Dans les prés, les colchiques d'automne se recueillent et se ferment, craignant la fraîcheur de la nuit. Les trois coups de l'Angelus sonnent. Chaque maison tire ses volets percés d'un cœur et, tandis que les laboureurs fatigués s'endorment, les bras brisés, une blonde à sa fenêtre respire l'odeur d'un pot de ravenelle et regarde monter, sur la lisière du bois, dans le pâle troupeau des nuages, un léger croissant de lune, fin comme une bague de fiançailles.

Calme absolu, silence, ombres, fraîcheur, mystère...

Un homme veille et prête l'oreille, il écoute marcher la nuit, il entend la respiration, l'haleine de son pays natal et les rêves qui l'agitent durant son sommeil. Il en tire de magnifiques harmonies. Mais ce penchant vers l'ombre et ce fond de mélancolie étaient l'indice du mal qui minait notre ami. Le caractère de son talent, secret, méditatif, délicieusement intime, révélait le germe fatal. De Metz-Noblat nous donnait, tout jeune, la mesure complète de son âme, car il était averti de sa fin prochaine et il attendait tranquillement la mort en soldat.

Dormez, cher et charmant poète, dans un cimetière de Lorraine, selon votre désir. Que des femmes pieuses, des cœurs qui se souviennent disent en passant une prière pour vous. Que le son des cloches de village que vous aimiez parvienne jusqu'à votre tombe, que la rumeur de la forêt celtique et le parfum des mirabelles enchantent votre solitude.

Vous aviez fait courageusement le sacrifice de votre vie et cet obscur stoïcisme avait eu pour effet de vous ouvrir les yeux sur les beautés de l'univers que vous alliez quitter.

Cette joie de vivre que tant de vivants ignorent, vous, sur le point de mourir, vous la sentiez profondément. Vos contes et vos poèmes ont la fraîcheur de nos fontaines, la grâce de nos jeunes bouleaux. Vous nous cueilliez des brassées de fleurs et nous reconnaissions dans vos beaux vers limpides la couleur de nos coquelicots, de nos bleuets, de nos muguets et de nos roses.

N'ayant pu servir la Lorraine de votre épée, du moins vous vouliez, fils soumis, amoureux fervent, employer à sa louange tout le talent que le ciel vous avait octroyé. Et déjà nous pensions tenir le chantre attendu, celui qui, selon l'expression de Maurice Barrès, « fera sonner la lyre ». Chant suprême, hélas ! adieu d'un mourant. Le lutteur ne s'exalte que lorsqu'il sent que tout est perdu.

> Son orgueil se redresse, ô mort! et face à face,
> D'un triste et fier sourire, accueille ta menace.

Entrez dans la chapelle ardente, sous la flamme des cierges que nous allumerons sans trêve pour ceux qui relèvent notre courage et notre espoir. Vous étiez de ceux-là. Vous immortalisiez dans votre art les plus belles vertus de l'Est, l'esprit de désintéressement et de sacrifice, et votre mort est un exemple. Si vous croisez au paradis, dans une allée de peupliers, le maréchal Fabert, songeur et soucieux, méditant sur les vaines querelles qui divisent les Français, il vous donnera l'accolade, car vous êtes bien tous deux de la même race, purs servants de l'honneur et soldats du devoir, et vous cachiez, de Metz-Noblat, sous une armure de mots intrépides et fiers, un grand cœur généreux qui ne battait que pour votre pays.

LA RÉGION DES ÉTANGS

Beaux chênes, vétérans des forêts de Lorraine,
Grands seigneurs orgueilleux....
                    Alex. de Metz-Noblat.

Des grands étangs, qui donnent à la Lorraine annexée tant
de mélancolie, celui de Lindre est le plus célèbre. Il faut
s'imaginer ces étendues d'eau comme de petits océans clairs
et ridés par la brise, offrant au ciel léger leurs millions de
sourires et délimités par des bordures de chênes d'un éclat
sombre et sauvage. Souvent, vers le milieu du lac, un pro-
montoire s'avance, une langue de terre sur laquelle une ferme
et un château se sont établis. C'est la situation de Tarquimpol,
le manoir de Stanislas de Guaita, si bien décrit par Maurice
Barrès.

Le charme de ces grands espaces solitaires, hantés par des
nuées d'oiseaux sauvages, cygnes, sarcelles, grèbes et poules
d'eau, aigles pêcheurs, courlis et macreuses, devait frapper tous
les poètes lorrains. Le silence est admirable entre les roseaux
du rivage, devant le miroir des eaux, doucement éclairées ou
voilées, selon le caprice des nuages. Je connais une maison solitaire, bâtie en pierres de taille, enguirlandée de capucines et de
roses, dont les larges fenêtres ouvrent sur l'étang, sur la forêt,
sur la solitude et la lumière, dans laquelle on passerait volontiers avec une bonne bibliothèque, quelques vieux amis et de

jeunes amours, le restant de son âge. La chasse est la grande occupation de celui qui l'habite. J'ai su par lui toutes les espèces d'oiseaux qui s'abattent, fatigués, sur les bords de l'étang, au moment des grands passages. Tantôt ils arrivent du Midi et leur chair garde encore l'odeur parfumée des graines aromatiques dont ils ont fait leur nourriture. Tantôt ils reviennent du Nord, chassés par les frimas, et leurs plumes ont les reflets profonds, mystérieux, des aurores et des couchants dans lesquels ils se sont baignés. Ce chasseur prudent, silencieux, embusqué sur la rive, qui les regarde passer, qui les connaît par leur nom, n'est-il pas l'image de cette vieille Lorraine, de nos Marches de l'Est, de nos pays rhénans, où les courants du Midi et du Nord s'entre-croisent, créant un type d'homme plus intelligent que les autres, plus prompt à tout saisir, à tout comprendre? La Lorraine est un poste d'observation et les gens de ce pays, quand ils ne luttent pas pour la défense de leur territoire et de leurs foyers, sont de grands spectateurs.

.·.

Les étangs délimitent et séparent le pays de la Seille, l'ancienne contrée des salines, de la Lorraine allemande. Nous quittons les molles ondulations du paysage, la tranquillité, la douceur des fonds de vallée où semblent siéger, sous des chapeaux de fleurs, les déesses des Géorgiques, pour nous enfoncer dans un nouveau pays, plus accidenté, aux lignes plus heurtées, aux horizons moins souples et moins humains : c'est la Lorraine allemande. La barrière est assez nette entre les deux langues. A Bisping, dernier village français, on parle un rude patois d'origine romane. A Langatte, le premier village allemand, l'idiome est germanique.

Dans la construction, dans la couleur des villages, il y a

quelque chose de changé. Les maisons ne sont plus groupées et disciplinées à la française. Un certain désordre s'introduit dans leurs rangs, elles sont de biais ou en retrait, elles ont volontiers pignon sur rue, elles sont naïvement peintes de couleurs tendres, roses pâles comme il en fleurit dans les jardins du Nord, bleus manteaux de la Vierge, teintes mauves et saumonées, douces et légères.

Les Vierges rustiques, les Calvaires au bord de la route ont aussi changé d'allure. Les Maries sont lourdes, empaquetées dans des jupes à gros plis, et sourient avec peine, leurs petits Jésus n'ont aucune grâce. Ce n'est plus cette élégante et jolie Vierge de Marsal, qui veut plaire, attirer les suffrages, être aimée. Celles d'ici sont moins coquettes. Le Christ sur la croix, saint Jean et la Mater dolorosa forment des groupes plus larges, de proportions plus théâtrales, mais l'émotion a disparu. Où sont ces croix de Lorraine, montées sur un pilier de grès et qui forment, à leur sommet, un petit tableau bref et touchant, que l'on pourrait presque encadrer dans l'ovale d'un médaillon? La Lorraine allemande est moins habile à composer son émotion.

Mais surtout le paysan n'est plus le même. Les derniers que nous avons vus en Lorraine française étaient alertes et déliés. Une voiture allait aux champs ramasser le foin. Deux chevaux courts, tirant bien, montaient la côte et le jeune fermier qui les conduisait, par gageure ou pour amuser la belle fille assise à côté de lui sur son char, avait mis son attelage au grand trot. De temps en temps, il sautait du siège, courait comme un postillon à côté de ses bêtes, leur fouaillait lestement la croupe et le ventre et remontait à la marche, sans perdre ses guides, son fouet ni son équilibre. Ce grand garçon, excité par le jeu, les regards de la fille et le bruit d'enfer de sa carriole, était superbe à voir, bien découplé, agile, avec la tête fine et dure des anciens Gaulois, amoureux de mouvement et de tumulte.

En Lorraine allemande, au contraire, nous croisons des paysans silencieux. La lumière des yeux s'est fanée. On n'y sent plus la malice lorraine qui pétille du côté français. C'est une race plus lourde et plus mélancolique.

Toute cette partie de la Lorraine, éloignée des grands centres, conserve un fonds de rudesse. Dans les noires forêts du pays de Bitche habitent, population errante, une quantité de romanichels qui n'ont trouvé, sur la frontière instable, que ce refuge pour y planter leur tente.

Nous avons rencontré dans une auberge de Sarrebourg une de ces tribus singulières. C'étaient, nous dit-on, des colporteurs. Endimanchés, sous le feutre lorrain, ils ne pouvaient dissimuler leur origine. Leurs grands yeux fulgurants les trahissaient, leur teint mat, leurs gestes prompts. Parmi eux une femme mûre, empâtée comme les beautés d'Orient, avait gardé dans toute leur fraîcheur des yeux de gazelle et des dents admirables. La plus jeune de la bande portait aux oreilles des anneaux d'or. Son front capricieux était ombragé par des cheveux tordus, désordonnés, d'une gracieuse folie. Là-dessous deux yeux lutinaient l'assistance, deux yeux d'un vert étrange. Celle-ci tenait à la fois de la danseuse d'Orient et de la fée scandinave. Elle jouait à merveille de son charme troublant, de la vivacité de ses mouvements d'épaules, de sa taille dégagée. Et ce sourire enchanteur se promenait sur toutes les grandes routes de la Lorraine pour vendre des casseroles et des corbeilles d'osier.

Bien différente de ces Tziganes, la jeune, sage et discrète demoiselle de Metz qui dînait avec sa mère, au restaurant de Sarrebourg, à côté de nous! Sa haute taille élevée, droite et imposante, son corsage de châtelaine nous inspiraient d'ai-

mables pensées plus respectueuses. J'aimais son regard droit
et sa façon de défiler devant les officiers allemands, en relevant
sur un cou très flexible une tête charmante. Elle était toute
habillée de noir. Que le tendre éclat de sa chevelure blonde
doit bien s'harmoniser avec les vieilles rues de Metz! On ne
voit plus guère que dans les vieilles provinces de France de
ces vierges prudentes et malicieuses. Celle-ci eût fait les délices
d'un tailleur de pierre du moyen âge. Il l'eût placée dans
l'église de son village, au pilier de l'autel, ramenant adroite-
ment sur son corps fuselé les plis de son manteau flottant. Je
suis sûr que, de ces lèvres bien ourlées et rouges comme une
fraise de Woippy, il ne devait sortir que des paroles sensées,
bienveillantes et enjouées.

DE SARREBOURG

A LUTZELBOURG

Il est incompréhensible qu'on ne profite pas de l'élan des paysans de la Lorraine et du Barrois. Il ne faut point laisser refroidir la chaleur de ce peuple qui ne respire que vengeance.

Maréchal OUDINOT.

De Sarrebourg, ville de garnison, rien à dire. Le prestige de l'armée dans une petite ville est énorme. Les officiers font vivre le commerce, les demoiselles rêvent de leurs moustaches. Comment pourrait-il en être autrement? Cependant l'on parle français dans tous les magasins, un français un peu traînant, avec l'accent tonique et l'on remarque, aux devantures, des chapelets de cartes postales où brillent des uniformes français. Un confiseur expose même, sur une boîte de dragées, l'arrivée d'un aéroplane à la frontière, salué par les acclamations des annexés. Comme dans toute la Lorraine les pâtisseries abondent et les petits gâteaux sont excellents. ∙

∙∙∙

Les Vosges ont mis ce matin leur écharpe de brume; le sommet lointain, gris bleu, des ballons se découvre entre les nuées; nous approchons de la haute montagne; la couleur des routes n'est plus la même. Elles sont maintenant du plus joli rose et l'on dirait que les casseurs de pierres y ont broyé et pilé des briques. C'est la couleur du fameux grès des Vosges, celui qui donne aux monuments de ce pays leurs teintes vermeilles, aux carrières ouvertes au flanc des monts l'aspect d'une plaie béante.

Les tons vifs se multiplient, le vert des prairies est d'un éclat extraordinaire, il tranche sur le noir des sapins qui commencent à dévaler; les ruisseaux, d'une pureté adorable, coulent de roche en roche; les vallées se resserrent et les routes s'enfoncent dans des gouffres de verdure, des abîmes bleus où l'on entend chanter les sources.

Nous longeons le pays de Dabo et d'Abreschwiller, haute et sombre région couverte de forêts. Les villages y sont perchés à des hauteurs impossibles et les charrois de foin, quand les routes sont mouillées, ont à vaincre d'incroyables obstacles. Aussi la race est-elle vigoureuse, bien charpentée, ne craignant pas l'effort.

C'est dans ces grandes forêts de Dabo, sur les flancs de Donon, que s'étaient formés en 1814, lors de la première invasion, les corps francs qui entreprirent la défense des Vosges, à coups de fusil et de quartiers de roches. Erckmann et Chatrian, qui étaient tous les deux originaires de ce pays, nous ont conté l'Ilinde obscure de ces montagnards. Napoléon suivait des yeux cette guerre de partisans. Il balança un moment, au milieu de la campagne de France, prêt à se jeter en Lorraine, où l'attendaient Victor, Durutte et des milliers de cœurs fidèles. L'âme de la résistance était ici.

Il est incontestable que les Lorrains et les Alsaciens furent les meilleurs soutiens de l'Empire, le champ de recrutement par excellence. L'empereur, qui appelait la Moselle et l'Alsace

« le pays des braves », leur demanda tous les sacrifices. Il en tira particulièrement sa cavalerie légère, ses hussards dont les régiments, à la bataille d'Iéna, étaient commandés presque uniquement par des Alsaciens-Lorrains. Dans les circonstances les plus difficiles il eut toujours recours à eux. Kléber lui succéda en Égypte; Ney, prince de la Moskowa, en mille occasions, décida de la victoire, il empêcha la retraite de Russie de tourner en débâcle; Éblé construisit les ponts de la Bérésina; Mouton, duc de Lobau, fut l'organisateur de Wagram; Lasalle, en Espagne, fit des prouesses; Drouot, le sage de la Grande Armée, accompagna Napoléon à l'île d'Elbe et au retour; les frères Lallemand, de Metz, amis de la dernière heure et compagnons désespérés, voulaient encore soulever les Charentes quand l'empereur se rendait sur le *Bellérophon*. Les vingt-cinq années de la Révolution et de l'Empire avaient provoqué dans ces régions une poussée d'héroïsme. Elles ne marchandèrent pas leur dévouement à celui qui accomplissait l'éternel désir des Austrasiens, la marche vers le Rhin.

⁂

Le vieux château de Lutzelbourg dresse, au-dessus du tunnel de Saverne, ses ruines récemment rajeunies. Il est heureux que Gustave Doré soit né avant la guerre et qu'il ait pu, dans son enfance alsacienne, admirer intacts, tels que les siècles nous les avaient légués, les burgs, les tours féodales, les pans de murs qui couronnent toutes les crêtes d'Alsace. C'est là qu'il a vu ces châteaux fantastiques et ces forêts profondes où il fait galoper ses chevaliers, ses fées, son Roland furieux, sa princesse Esclarmonde. Que demande-t-on à des ruines? Un plaisir d'imagination. Laissons donc la vigne vierge et le lierre pousser dans leurs décombres.

PHALSBOURG

Ignorez-vous que, depuis vingt-cinq ans, j'ai l'habitude de regarder en face la balle et le boulet ?

(Dernières paroles du maréchal Ney, le jour de son exécution, au soldat qui voulait lui bander les yeux.)

Une gelée précoce argente les hautes toitures alsaciennes de Lutzelbourg ; le matin pique et dans la grande rue du village les enfants inaugurent leurs vêtements d'hiver : la capote de grosse laine, le bonnet de castor et les moufles. Engoncés, ils forment auprès de la fontaine un groupe sympathique. Ils se regardent en souriant, songeant que bientôt les carreaux seront fleuris de givre ; la saison des traîneaux, des culbutes dans la neige approche, toutes ces joies de l'hiver, si admirablement décrites par Erckmann-Chatrian. Déjà les teintes rouges et l'or fané des hêtres se confondent avec les couleurs sanglantes du grès vosgien.

Les vallées profondes, humides et voilées se dépouillent lentement et les déchirures du terrain apparaissent sous la pourpre trouée. Ce pays de montagnes est âpre et difficile, plein de dangereux défilés où toute armée d'invasion ne s'aventurait qu'avec crainte, dominée là-haut par le canon de Phalsbourg et menacée par des forêts hostiles, refuges de partisans.

Combien de Russes, d'Autrichiens, d'Allemands, campés sur

ces chemins boueux, arrêtés dans leur marche par la ville indomptable, ont senti le découragement les envahir? Soudain, nous gagnons la crête du plateau, bien éclairée par le soleil levant, et Phalsbourg paraît à l'horizon. Elle a perdu ses vieux remparts, ses bastions, ses demi-lunes, ses courtines, ses avancées, sa cuirasse de belles pierres de taille que l'ennemi n'avait jamais prises d'assaut aux trois blocus, en 1814, en 1815, en 1870. Cependant, malgré ses murs décharnés, elle fait encore bonne figure. Par une vieille habitude, ses maisons restent à l'alignement, groupées comme un bataillon, et deux portes, seuls vestiges de l'enceinte de Vauban, dressent dans la lumière leurs frontons écussonnés. C'est la porte de France, sculptée d'emblèmes guerriers, que nous voyons là-bas, isolée depuis que le corps du rempart a disparu, mais franchement majestueuse et belle comme un portrait du grand siècle.

Songeons aux premières pages si poignantes du *Conscrit de 1813* : « Au milieu de la nuit, je vis s'avancer au grand trot, sous la porte de France, une centaine de dragons dont plusieurs portaient des torches; ils passaient avec un roulement et des piétinements terribles; leurs lumières serpentaient sur la façade des maisons comme de la flamme et de toutes les croisées on entendait partir des cris sans fin : Vive l'empereur! Vive l'empereur! »

Les armées qui descendaient vers l'Alsace et le Rhin, au temps où la France était forte, entraient par la porte de France, jetaient l'éclat de leurs fanfares dans la petite ville en rumeur et sortaient par la porte d'Allemagne, vers la route de Saverne. Toutes les gloires du premier Empire se lèvent dans nos mémoires à l'aspect de ces survivantes qui ont vu passer sur leurs ponts-levis les soldats d'Iéna, d'Eylau, de la Moskova et de Leipzig. Les derniers furent les cuirassiers de Bonnemain, avant Frœschwiller. Depuis, les clairons n'ébranlent plus leurs voûtes sombres et les victoires ailées au front du monument ont suspendu leur vol. Il est même question de culbuter dans le fossé ces portiques que, sans doute, on juge trop grandioses et d'un voisinage accablant.

Phalsbourg était entouré de vergers, de pâquis et de petits jardins posés sous le canon de la place : la ville apparaît, comme dans les vieilles estampes, au sommet d'un talus, cernée d'arbres fruitiers, Pomone enlaçant Mars de ses bras chargés de fleurs. Le bourgeois, en cas de siège, s'inquiétait de ses pousses et de ses greffes ; et parfois, risquant un mauvais coup, il s'échappait pour écussonner ses roses, cueillir ses poires ou ramasser, l'hiver, son bois mort, car les cosaques étaient si maraudeurs !

.·.

Quelle empreinte sut mettre le génie de Vauban aux trois cents places de guerre auxquelles il travailla, aux trente-trois citadelles neuves jaillies de son cerveau ! Phalsbourg était l'une des plus menues. Elle réglait son tir par-dessus ses propres maisons et c'eût été vite fait de l'investir si son emplacement sur un rocher n'en eût rendu l'abord extrêmement difficile.

Son plan géométrique est admirable. Les rues se coupent à angle droit, tirées au cordeau et volent vers le rempart comme les branches d'une étoile. Une spacieuse place d'Armes, au milieu de la ville, permet de passer la garnison en revue. Peu de monuments : deux casernes aux lignes sobres, l'hôpital, l'arsenal, les poudrières, tout est soumis à la défense ; l'habitant craint l'inutile ornement qui nous détourne du devoir. Quatre victoires grecques supportent le piédestal du maréchal Lobau. L'église est toute simple, rude et massive, mais une allée de beaux tilleuls, ornée de bancs, décore la grand'place, promenade des officiers, agréables ombrages pour de vieux soldats retraités.

Ne cherchons, à Phalsbourg, aucune fantaisie. Tout est net, ponctuel, en règle. C'est une ville bâtie par un ingénieur pour des soldats. Cependant, les grands toits alsaciens, aux tuiles de velours sombre, vastes et profonds greniers, nous rappellent que la vallée du Rhin est toute proche, et les cigognes, chaque année, faisaient leur nid en haut du clocher, dans les bras de cette statue dorée de la Vierge qui servit de point de mire aux boulets prussiens en 1870. Quand la nef s'écroula dans les flammes avec fracas, on vit longtemps, longtemps planer les cigognes sur les ruines fumantes.

A Phalsbourg, on naissait militaire. La diane éveillait les enfants et on les couchait à la retraite. Leur plaisir était de jouer au soldat, de se battre, d'entonner une chanson martiale et d'aller voir sur les remparts, dans les cours des casernes, aux glacis, évoluer les jeunes recrues. Une revue de la garnison mettait la ville en fête. Le passage des troupes soulevait sans cesse de grandes émotions.

Phalsbourg n'avait pas d'industrie et la seule carrière ouverte aux jeunes gens était celle des armes. Onze Phalsbourgeois étaient devenus généraux sous l'Empire, et Mouton, fils d'un boulanger, maréchal de France. Cela stimulait les vocations. Chaque famille pouvait s'enorgueillir d'un officier tué à l'ennemi, d'une croix ou d'un galon ramassé sur le champ de bataille.

Usé, le vieux soldat revenait dans sa ville natale, salué de tous. On le voyait traverser la place d'Armes, à la même heure, par tous les temps, ingambe sous la courte pèlerine lorraine, passant en revue les maisons, dévisageant les sentinelles et les demoiselles, ou bien à l'hôtel du Bœuf-Rouge ou du Mouton-d'Or, entre deux pipes, racontant ses campagnes.

Dans cette ville, prête à tous les sacrifices, le civil était

vraiment à la hauteur du militaire : on s'en aperçut en 1870
quand, au milieu du bombardement, l'incendie menaçant de
tout dévorer, sans espoir de secours, les conduites d'eau étant
coupées par les Allemands, le maire de Phalsbourg, Bender,
vint demander au commandant Taillant de continuer la défense.
« Il n'y avait pas, dit Ségur, de meilleurs, de plus généreux,
de plus braves Français dans toute la France. » En 1815,
avec la garde nationale des Vosges et de la Meurthe; en 1870,
avec les mobiles de la Meurthe, Phalsbourg oppose aux assié-
geants un front d'airain. La ville ne capitule qu'au bout de
quatre mois, à la dernière extrémité, torturée par la famine,
ayant noyé ses poudres et détruit ses canons. Quel exemple et
quels hommes que Barthélémy et Taillant!

Autrefois pimpante garnison, si souvent traversée par les
régiments victorieux, Phalsbourg est aujourd'hui une bourgade
inanimée, une victime de l'annexion. Plus de soixante bonnes
familles l'ont quitté après la guerre. Les fifres leur déchiraient
les oreilles. Lobau, sur la place d'Armes, présidant aux parades
de ses anciens adversaires, leur fendait le cœur.

Déchue, éloignée de la frontière, Phalsbourg a perdu son
animation, son patriotisme toujours en éveil. C'est une place
de seconde ligne, sans cavalerie, sans artillerie, où un malheureux bataillon d'infanterie traîne des jours de disgrâce.

D'une caserne on a fait un pénitencier. Dans les rues d'architecture classique et régulière, à la française, habituées à de
jolis uniformes, circulent maintenant des galériens de mauvaise
mine, des compagnies de discipline de la couleur des murailles.

Les gens des hameaux voisins, des Trois-Maisons, de Büchel-
berg et de Mittelbronn, continuent de fréquenter la ville pour

leurs emplettes. Catherine des Quatre-Vents achète toujours chez le mercier du coin de la place d'Armes, un petit juif bien poli, ses capelines noires et ses tabliers de soie, et sous les vieilles portes s'avancent, flegmatiques, solennels, les couples de bœufs tirant les grands chars de bûcherons, conduits par des montagnards, figures ouvertes et décidées, au regard belliqueux. Ce sont ceux-là qu'il faut plaindre.

Dans la cour de l'école, quelle tristesse! Les enfants font l'exercice à la prussienne, chantent, pour rythmer leurs mouvements d'ensemble, un hymne allemand et le maître est ravi de leur discipline et de leur entrain. Parbleu! ils ont de qui tenir. Ce brave petit gaillard, si crâne sous son béret, déjà si maître de lui et qui entraîne tous les autres par sa voix chaude et décidée, de quel grenadier du premier Empire a-t-il gardé la brillante ardeur?

Un soldat de Guillaume II nous a fait les honneurs du vieux château auquel reste attaché le souvenir troublant de Marguerite de Vaudémont, l'amoureuse guerrière. Il est situé à l'angle de la ville, sur un éperon qui domine les vallées et les cimes environnantes. Ce matin, sur ces gouffres de vapeur et de clartés mouvantes, les yeux se reposent avec allégresse. Les teintes vives de l'aurore jettent un faisceau de lumières dans l'échancrure du col de Saverne, au bout duquel on devine l'Alsace, la plaine du Rhin sous des voiles. Passage historique et chemin d'invasion. Phalsbourg en avait la garde.

Deux cents ans fidèle au poste, trente-trois généraux nés dans ses murs, cette petite cité de deux mille habitants nous avait prouvé à chaque invasion son attachement, son stoïcisme.

Sacrifiée par le traité de Francfort, ayant du moins sauvé l'honneur, elle achève de mourir de mélancolie et d'ennui, ruminant tout bas des bribes de son passé glorieux, comme un vieux militaire inconsolable.

PREMIER VILLAGE ALSACIEN

J'habite en ung douleot logis
Byen basty de vièles années,
Desfendu aux chauldes journées
De jardin garny de blancs lys.
(*Manuscrit de l'abbaye de Senones.*)

Premier village alsacien, comme tu fais battre le cœur! Il
pleut. Qu'importe! Les Vosges se font maussades, elles déchaînent sur la plaine des légions de nuées. A travers un voile
humide, le petit village alsacien sourit quand même. Il nous
montre d'un air accueillant ses maisons peintes à la chaux où les
grosses poutres de la charpente forment des croix de Saint-
André, ses pignons aigus, ses toits hauts et profonds où s'accu-
mulent pour l'hiver les mille ressources d'un pays plantureux,
ses escaliers de bois sculpté noircis par les années, sa fontaine
où s'épanche dans des auges de pierre, tombes mérovingiennes,
une onde de cristal, sa vieille église couronnée d'un nid de
cigognes, ses treilles, ses jardins, dômes de feuilles de vigne que
l'automne éclaircit, ses glycines et ses roses grimpantes qui
montent jusqu'au toit.

Par les carreaux étroits, de vieux visages où la sagesse de
la vie est inscrite en plis volontaires enveloppant d'un long
regard curieux celui qui passe. Les enfants, bien éveillés, se
plantent devant lui, les mains derrière le dos, pour mieux con-
sidérer son étrangeté. Des femmes échangent quelques paroles
joviales avec l'accent doux et traînant d'Alsace, l'accent qui
pèse sur les mots comme la cognée du bûcheron. Quelques pa-
triarches en bonnet de laine secouent leur longue mèche d'un

air grave. Un troupeau d'oies jacasse. Un char rustique, traîné
par deux bœufs, descend vers les prairies. On raccommode dans
les grandes cours les foudres de l'an dernier, les cuves dont les
bois ont joué.

Bonne vie calme et tranquille, où tous les foyers, déjà tiédis
par la chaleur du poêle, se préparent à braver l'hiver, logis
propres et bien cirés, assiettes qui miroitent au mur, fauteuils
et chaises vénérables, usés par les ancêtres, tout respire ici
l'honnêteté, la simplicité d'anciennes mœurs. Ainsi l'Alsace,
fidèle à ses coutumes, forte et antique contrée marquée d'un
signe particulier, reste violemment attachée à ses curieux
usages et, pour rien au monde, ne voudrait changer sa façon de
vivre.

Nous sommes logés à Saverne dans un hôtel allemand. Il
faut parler aux garçons haut et dur, pour être servi. Quel.
agrément! Où sont nos accortes servantes de Metz qui posent
les plats sur la table avec douceur, sourient quand on leur
parle et font leur métier de bonne grâce. Tout est maussade
dans cette auberge allemande. Les officiers, sanglés dans leurs
tuniques bleues, rendent la pièce ennuyeuse et leurs gros rires
n'arrivent pas à y verser de la gaieté. Ils lisent des journaux
pangermanistes. Aux autres tables, on parle à voix basse, le
nez dans les assiettes. L'arrivée de quatre Français qui commencent aussitôt un vif entretien cause naturellement un grand
scandale. Le front olympien des officiers se fronce, les fonctionnaires nous regardent de travers. Comme la cuisine est
mauvaise, nous réclamons du dessert ; on nous apporte quatre
petites poires maladives. Le garçon qui nous sert change de
bottines et de vêtements dans le salon où l'on écrit. Quelle
inélégance et quelle tristesse !

WISSEMBOURG

Le malheur retrempe les cœurs généreux.
Théophile GAUTIER.

Wissembourg est une charmante ville qui, malgré son histoire, garde un air souriant. Ses vieilles tuiles, brûlées par les obus, ses maisons ornementées où la Renaissance alsacienne a développé sa fantaisie, abritèrent toujours des cœurs français. Le plus grand plaisir que puisse s'offrir un habitant aisé de Wissembourg, c'est de venir à Paris et il n'y manque guère une fois l'an. Quand un Wissembourgeois passe la frontière voisine du Palatinat, il dit : je vais en Allemagne. A Wissembourg l'air est vif et salubre ; les vieux soldats de Malakoff, encore verts et solides, n'éprouvent aucune envie de mourir. Nous avons rencontré un vieillard de quatre-vingt-dix-huit ans, abreuvé de coups pendant la guerre et qui en est réchappé parce que l'Alsace, grâce à Dieu, a le coffre solide et que ses colosses ne se laissent pas abattre par quelques tribulations ni périr de tristesse.

Le caractère de la lutte, de la résistance est tout‘différent en Alsace de ce qu'il est en Lorraine. Réservé, poli, fier et modeste, le Lorrain ne fronde pas l'autorité en face. Aussi règne-t-il sur Metz comme une terreur policière. Chacun se surveille et craint de desserrer les dents dans les lieux publics. Le Lorrain souffre dans sa délicatesse et se tait. En Alsace c'est autre chose. L'Alsacien connaît les Schwob de longue date, il a toujours eu affaire à eux, il sait comme il faut se conduire avec eux, il connaît le défaut de la cuirasse. Quand on a un ennemi, dit l'Alsacien, il faut aller le prendre au collet. Ici la lutte, plus directe, est menée avec plus de maîtrise et d'autorité. L'Alsacien s'expose aux coups et il les rend. Contre les Allemands il forge des railleries formidables, toute une campagne de rire et de gaieté sous laquelle ceux-ci demeurent accablés. Circulez dans les rues de Wissembourg ou de Colmar. L'indigène y tient toujours le haut du pavé et l'Allemand, campé, inquiet, mal assuré, y ressemble à ces visiteurs que l'on n'a pas invités et qui cherchent autour d'eux un point d'appui, un soutien. Le pays leur échappe.

A Wissembourg, par exemple, il n'existe entre la garnison et les habitants de cette jolie cité aucunes relations. Un colonel rempli de zèle voulut changer tout cela. Il invita la bourgeoisie de la ville à une soirée au cercle des officiers. Personne n'y est venu.

Cette froideur n'a rien d'étonnant quand on songe que Wissembourg, ville de quatre mille habitants, compte cinquante-deux officiers dans l'armée française, dont huit généraux. Voilà ce dont on est fier.

A deux pas de l'ancienne frontière et du Palatinat bavarois, les habitants s'abordent en français. On se passe de main en en main, avec des clignements d'yeux significatifs, le dernier numéro du *Dur's Elsass* de Zislin, ces caricatures qui, d'un bout de l'Alsace à l'autre, déchaînent l'hilarité. Par quelle secrète et incurable espérance ces braves gens sont-ils donc soutenus ? Il ne leur arrive de France aucun encouragement. Seuls, fermes devant le destin, ils luttent désespérément pour demeurer, comme leurs pères, des Français. Les humbles

cartes postales, reproductions du musée de Versailles, où défilent
nos gloires militaires, forment des albums que l'on donne à
feuilleter aux enfants. On leur enseigne ce qu'était Wissembourg quand sa belle abbaye, la cour de Stanislas, la bourgeoisie logée dans de charmants hôtels, les remparts, la garnison
lui donnaient le ton et le brillant d'une aimable ville de France.
On leur apprend les victoires de Turenne, de Villars et de
Hoche et l'importance de ces lignes fameuses de Wissembourg
qui couvraient l'Alsace, qui furent tant de fois arrosées de sang
français. Puis, pour terminer la démonstration, on les mène
au Geisberg, calvaire douloureux où les débris de la division
Douay furent attaqués et démolis, après une magnifique résistance, quatre mille Français par quatre-vingt mille Allemands.
Le monument, inauguré l'an dernier, dresse son coq gaulois
et sa Victoire de bronze qui distribue des deux mains des couronnes aux braves. Du sommet de la colline qui surmonte un
magnifique horizon on leur explique les phases de la bataille,
l'héroïsme des turcos, comment la France a perdu la partie.
Une éducation aussi bien conduite portera ses fruits.

L'INAUGURATION DU MONUMENT
DE WISSEMBOURG

IMPRESSIONS D'UN TÉMOIN

La charmante cité de Wissembourg, où Marie Leczinska, future reine de France et petite princesse en exil, a passé les plus heureuses années de son existence, s'est réveillée le 17 octobre 1909 avec un air de fête. Les vieux toits de tuiles brunes, sombres et massifs, s'égayaient de guirlandes de chêne et de sapins. Dans le réseau des rues, étroites et capricieuses, de cette ancienne ville forte, des oriflammes, agitées par la brise, déployaient les couleurs alsaciennes, rouge et blanc. Aux balcons de l'hôtel de ville, sous le fronton du dix-huitième siècle, où les amours sculptés continuent leur ronde joyeuse, sur la façade de grès rose, des futaies de verdure rajeunissaient le vieil édifice. L'auberge de *l'Ange* regorgeait de clients et les grandes servantes alsaciennes, sans perdre leur beau calme, circulaient parmi les paysans dont la veste courte et le menton rasé indiquaient la tenue des dimanches. Pour quelle mystérieuse fête cinquante mille Alsaciens s'étaient-ils dérangés, pourquoi cette petite lueur brillante dans tous les yeux, cette tournure dégagée, cette émotion qui crispait les visages ?

C'est que l'on inaugurait, en ce jour, sur le plateau du Geisberg, témoin des efforts héroïques de notre armée du Rhin en 1870, théâtre de la victoire du général Hoche en 1793, un monument aux soldats français morts pour la patrie. Comment une pareille cérémonie a-t-elle pu s'accomplir sur territoire allemand? Ceux qui connaissaient le tempérament alsacien, sa

ténacité, sa vigueur, ne s'étonnent pas qu'un projet aussi téméraire ait pu germer dans le pays des fortes têtes. Ce qu'un
Alsacien veut finit toujours par se réaliser. Cette fête nous en
a donné la preuve. Avons-nous bien compris le geste de l'Alsace
et tout ce que ce monument comporte de fidélité dans le souvenir, de piété envers nos morts, d'audace et de courage en
présence de l'ennemi?

De cette admirable journée retenons trois minutes vraiment
saisissantes. La première fut l'audition de *la Marseillaise*. Le
chant proscrit n'avait pas retenti sur la terre d'Alsace depuis
trente-neuf ans. Il envoyait naguère celui qui le chantait dans
une heure d'expansion, le petit vin du Rhin aidant, réfléchir
en prison sur les dangers de la sincérité. Quand les voiles
blancs, gonflés par la brise, furent tombés et le monument en
pleine lumière, l'excellent orchestre de la Vogesia, de Strasbourg, entonna *la Marseillaise*. Quelle émotion! Les vétérans
de Wissembourg et de Reichshoffen étaient là : il y avait de
vieux médaillés du Mexique et de Crimée, des soldats d'Italie,
Baudot, le clairon de Malakoff, et des centaines d'Alsaciens
qui, pour la circonstance, avaient arboré les décorations du
second Empire, gloire de leur foyer. Une foule pittoresque,
bonnets noirs et chapeaux de feutre, petits diadèmes écarlates
ou grands nœuds à la Strasbourgeoise, entourait les tribunes
où l'on apercevait à une place d'honneur, corrects et sanglés
dans leurs uniformes sombres et sous leurs casques à pointes,
les officiers du 60ᵉ régiment bavarois, en garnison à Wissembourg. Que l'on imagine l'effet produit sur une pareille foule,
sous un ciel sans nuages, par les accents vibrants de notre
hymne national! En sourdine d'abord, puis d'une voix forte et
qui s'enhardissait, les Alsaciens se mirent tous à chanter ·

> Contre nous de la tyrannie,
> L'étendard sanglant est levé.

Ces paroles, cette musique ont pour la première fois retenti en Alsace quand le jeune Rouget de l'Isle, dans le salon du maire de Strasbourg M. Dietrich, improvisa au clavecin cette entraînante mélodie, depuis mêlée à tant de nos victoires. Comment oublier que l'Alsace fut le berceau de ces notes magiques ?

> Aux armes, citoyens,
> Formez vos bataillons.

Ainsi chantaient les soldats de l'armée de la Moselle et du Rhin quand ils gravissaient les pentes du Geisberg où les attendaient les troupes démoralisées de Wurmser. Un jeune général républicain, Hoche, en qui le comité du Salut public avait mis son espoir, les entraînait vers Landau et la frontière du Rhin. Volontaires de 92, vieux régiments de la monarchie, croisaient leurs baïonnettes et chargeaient l'ennemi commun, l'Autrichien, qui, profitant de nos discordes, essayait de conquérir l'Alsace, tandis que le Prussien, — déjà! — s'établissait en Lorraine.

> Marchons! Marchons!
> Qu'un sang impur abreuve nos sillons!

Voilà ce que chantait, devant des officiers allemands, une foule en qui l'on sentait un enthousiasme contenu mais résolu, un patriotisme endurci et mis à l'épreuve par quarante années de souffrance. *Marseillaise* peu banale, cri du cœur longtemps comprimé, chant de revendication, de tendresse persévérante. Ceux qui l'ont entendu en eurent les larmes aux yeux.

La seconde minute émouvante fut celle où M. Niessen, le président du *Souvenir Français*, après avoir rendu hommage aux humbles femmes, gardiennes des tombes de nos soldats, qui, depuis 1870, ont veillé sur leurs sépultures, Antigones dévouées à ce culte fraternel, signala dans l'assistance la présence du général Bonnal comme un suprême honneur rendu aux vaincus de Wissembourg. De longs applaudissements éclatèrent. Je regardais les officiers allemands. Un peu contractés et gênés par cette manifestation populaire, ils prirent le bon parti. Leur colonel s'approcha du général Bonnal et lui serra la main.

Mais la dernière, l'inoubliable émotion fut le défilé des drapeaux français devant le monument. Ils étaient trois. Leurs cravates de deuil, leurs franges d'or brillaient au soleil. Les regards de la foule suivaient tous leurs mouvements avec une ardeur silencieuse. Les orateurs avaient parlé sous leurs plis. Quand les trois étendards voulurent s'ébranler, suivre le cortège et reprendre la route de Wissembourg, une immense acclamation leur barra le passage. Des milliers d'hommes, tête découverte, tendaient les bras vers ce morceau de soie, comme s'ils avaient voulu en toucher, en baiser l'étoffe. Admirable minute où nous avons tous senti la signification de l'emblème sacré du drapeau. Les Alsaciens retrouvaient le leur. Leurs clameurs voulaient dire : « Drapeau de nos vieux maréchaux, drapeau de Kléber, de Kellermann, de Rapp et de Lefebvre, drapeau pour lequel tant des nôtres, jolis hussards ou grands grenadiers, se sont fait joyeusement tuer, drapeau que nous n'avons jamais oublié, image de la patrie perdue, nous te reconnaissons, nous te saluons, à toi nos amours et nos préférences ! »

Nous avons visité le champ de bataille de Wissembourg par un temps incertain. Les nuages noirs couvraient le ciel et s'avançaient menaçants, au-dessus des Vosges, qui formaient sur l'horizon un écran sombre, à l'encre de Chine. Au loin, les forêts du Palatinat et les montagnes de la Forêt-Noire durcissaient encore le paysage et nous songions aux soldats de Hoche, à cette marche intrépide sur Landau : Landau ou la mort ! Un éclair vint troubler ces réflexions : en un clin d'œil une trombe d'eau s'abattait sur nos têtes, nous dérobant Wissembourg, les monuments élevés sur la colline et les trois peupliers qui servirent de cible à l'artillerie allemande. Nous dûmes nous réfugier au château du Geisberg, dans la ferme d'un anabaptiste. Là encore, sous cet abri, nos troupes ont résisté jusqu'à la dernière cartouche. Qu'il est pénible, au fond, de se rappeler tous les détails de ces journées de défaite et qu'il serait plus agréable de visiter le champ de bataille d'Iéna !

Nos compagnons, eux, ne se laissent pas démoraliser. C'est entendu, la France a perdu au jeu, et puis après? Un moment de faiblesse efface-t-il des siècles de succès et de chance méritée? L'Alsacien sait attendre. Il a vu tant de choses et tant de gens passer sur son pays éternellement foulé que son caractère, vigoureusement trempé, ne se laisse plus abattre.

« Mais vos paysans du Bas-Rhin, interrogeons-nous, sont-ils dans les mêmes sentiments que vous?

— Oui, mais il faut les connaître. Eux aussi, vous comprenez, ont vu entrer chez eux des figures de toutes sortes : parfois les loups se cachent sous la peau des brebis. Ici les gens ont une telle habitude de l'étranger qu'ils observent d'abord le nouveau venu avec une extrême méfiance. Il faut savoir à qui l'on a affaire. Même s'il connaît le français, Fritz sous son bonnet de laine ne bronche pas, il fait celui qui n'entend pas. Tant d'Allemands, aujourd'hui, ont appris l'alsacien, le français, et pratiquent la manière cauteleuse. Fritz ne veut d'abord rien savoir. Vous lui demandez s'il a chez lui des costumes, des meubles, des armes, des souvenirs. Il secoue la tête. Rien à en tirer. Mais, tout à coup, à une expression savoureuse il s'aperçoit que vous êtes un vrai Alsacien du cru : alors sa figure change, il vous prend le bras, il vous dit : « Venez, j'ai ce qu'il « vous faut. » Sa maison est la vôtre : vous en sortirez les mains pleines et le cœur content.

« On calomnie souvent notre Basse-Alsace. Le français y est moins répandu que dans le Haut-Rhin ; nous n'avons pas de patriciat urbain, industriel et patriote, comme à Mulhouse. Mais dans nos riches villages dont vous connaissez la physionomie pittoresque, les paysans, croyez-moi, ont aussi mauvaise tête que dans le vignoble. Ils sont franchement Alsaciens et particularistes, attachés à leurs clochers, au nœud de leur paroisse. Personne, ici, ne veut être confondu avec le voisin. »

Le soir même nous traversions la ville de Soultz où les soldats en manœuvres avaient campé dans la journée. Les hommes, souillés de boue, accablés de fatigue, parcouraient en chantant les rues de la petite ville. « Nous sommes bien contents de les voir partir, nous disait dans un joli français une marchande de Soultz. Voilà quatre semaines qu'ils étaient ici. On n'était plus chez soi. »

On n'était plus chez soi, c'est le grand mot alsacien, le secret de la résistance. Liberté du foyer, liberté d'esprit et franc parler au sein de la famille : cette race indépendante veut faire ce qui lui plaît. Des maîtres étrangers essayent de la contrecarrer et prennent avec l'Alsace des allures de régent et de maître d'école. Ils se trompent. L'Alsacien ne désire la fortune et le bien-être que pour conquérir cette liberté d'allures dont il ne peut se passer. D'autres provinces seraient déjà depuis longtemps asservies et gagnées par les faveurs, mais l'Alsace tient bon, elle regimbe, elle se raccroche à tous ses souvenirs, parce qu'on a voulu lui faire sentir le poids du bâton et que ces grands géants ont toujours eu l'échine chatouilleuse.

LES
CIMETIÈRES D'ALSACE
ET DE LORRAINE

C'est aux difficultés qui se rencontrent aux choses
que l'on acquiert de l'honneur.
                    Maréchal FABERT.

« Jeune homme, la France se meurt, ne troublez pas son
agonie. » On connaît ce mot de Renan à Paul Déroulède qui
lui apportait la première édition des *Chants du soldat*.

Allez redire en Alsace ce mot terrible qui éclaire les cinquante dernières années du dix-neuvième siècle français. Si la
France se meurt, à quoi bon tant d'efforts? Osez dire aux Alsaciens que leur peine est perdue, leur sacrifice inutile, qu'en
luttant, comme ils le font, pour le maintien d'une langue et
d'une façon de vivre que la France leur avait inculquée, ils
combattent pour le passé, que l'avenir appartient à l'Allemagne. Allez, si vous l'osez, soutenir ces théories d'abdication
et de renoncement à Strasbourg, à Colmar et à Metz !

Il faut, si désagréable que cela soit pour notre nonchalance et notre tranquillité, nous habituer à cette idée d'une
Alsace combattive, militante, toujours sur la brèche, qui n'a pas

8

désarmé depuis 1870 et qui ne croit pas, elle, que la France se meurt. Quand un Alsacien vient à Paris, son cœur s'épanouit; il voit la capitale avec des yeux d'admiration, d'enthousiasme filial. Ne lui gâtez pas ces minutes de bonheur inouï en lui disant que la France est malade : il ne vous croira pas.

Nous avons eu le tort, en France, quand nous parlions de la guerre de 1870, d'en exagérer le côté funèbre. Emportés par un romantisme dont les derniers figurants sont en train de disparaître, nous avons abusé des descriptions, des discours lamentables et, finalement, nous avons glorifié la défaite au point d'oublier le véritable sens de ce mot qui veut dire : humiliation, honte, abaissement, servitude.

Les Alsaciens, eux, ont chanté aussi leur *Gloria victis*, mais sans s'y méprendre. Ils savent que la France a fléchi en 1870. Ils n'ont pas recherché, comme le font nos politiciens, à qui incombent les fautes de la guerre, rejetant les uns sur les autres une responsabilité que toute la nation doit prendre. Ils ont vu clairement et sans bavardages, les raisons de la crise, l'affaiblissement de la patrie divisée, énervée, n'ayant plus la vigueur d'autrefois, mais ils n'ont pas désespéré. Courageusement ils se sont mis à l'œuvre. Français annexés aux prises avec l'ennemi et le voyant de près, ils n'ont jamais eu la tentation de l'embrasser. Ils ont entrepris, pour se garder fidèles au passé, à eux-mêmes, une lutte héroïque. Nous assistons en ce moment au triomphe de cette résistance, menée avec une obstination admirable. L'Alsace rebelle, ayant repris ses forces et son audace, réclame sa liberté.

Quand nous allons dans un cimetière, nous y versons des pleurs, nous parlons de justice immanente. L'Alsacien-Lorrain raisonne plus froidement. Dans la tombe d'un soldat enseveli sous la terre annexée, il voit le témoin d'une lutte malheureuse sur laquelle il ne faut pas jeter l'oubli. Cette croix qui s'effrite, il faut la relever. Ici un turco est enterré : dressons-lui un petit monument. Que ses frères d'Afrique sachent qu'en Alsace les braves de Wissembourg sont toujours honorés. Les morts ne sont pas un sujet de méditation triste sur lequel on s'hypnotise, mais les instruments de la bataille qui continue. J'ai vu des Alsaciens sourire devant des tombes comme on le fait parmi des compagnons qui vous aident. C'est une chose touchante de voir avec quel soin pieux ils recueillent les moindres souvenirs de la guerre et l'ingénieuse sollicitude dont ils entourent des inscriptions funéraires. Ici les cimetières ont un sens.

STRASBOURG

Strasbourg était en fête comme je ne l'avais jamais vu : Blu-
mentag, fête des marguerites. Dans les vieilles rues passaient
de jeunes apparitions, de fraîches beautés. Les plus jolies
filles de Strasbourg, transformées en bouquetières, vendaient,
au profit des pauvres, des marguerites blanches. L'offre
était faite avec une bonne grâce, un sourire irrésistible.
Toutes vous abordent en français. Les manières, la toilette,
l'accent sont français. Ces jeunes filles mettent leur point
d'honneur à se confondre avec des Françaises. L'une d'elle,
à la voix chaude et bien timbrée, m'a dit : « Oh! si, Monsieur,
nous acceptons l'argent français. Je vous en prie, donnez-
moi donc encore ce gros sou. Ça me fera tant plaisir. »

Quel éclat, quelle jeunesse, quelle santé dans cette race! Je
suis toujours frappé, quand je reviens en Alsace, de l'air de
bonheur que l'on y respire, de la lumière des regards. C'est
la grasse Lombardie, ce sont nos Flandres fertiles, mais c'est
en même temps un pays curieux d'élégance, préoccupé de distinction et moins lourd que ne le sont en général les pays
riches, parce que l'Alsace est belliqueuse et n'estime que la
bravoure. La démarche des grandes filles dans les rues a
quelque chose de hardi et de téméraire. Il est vrai que le

nœud alsacien, si bien porté par les paysannes, augmente cette impression de majesté et de grandeur.

Strasbourg est une imposante et spacieuse ville que les Allemands ont agrandie sans l'embellir. Les nouveaux quartiers sont d'un style colossal et emphatique qui jure avec les maisons étroites, d'apparence rustique et d'ailleurs très confortables du vieux Strasbourg. Les uns font des façades, les autres aménagent et entretiennent des foyers. Tous les Alsaciens de Strasbourg se connaissent et n'éprouvent aucun besoin de s'éblouir. D'ailleurs, l'ironie alsacienne est là qui veille. Il n'en est pas de même des nouveaux venus. « Voyez, semblent dire les beaux bâtiments de l'administration, quelles richesses nous avons apportées dans votre pays ! » Mais l'Alsacien, « frère reconquis », reste incrédule. Il voit qu'il a payé lui-même les frais de ces palais dont il n'approuve pas les dehors pompeux ; il est fixé sur les impôts nouveaux qui l'accablent, sur la cherté de la vie, sur ce que lui coûte l'annexion ; il sait que ces massives constructions font partie du grand bluff dont il n'est pas dupe. Il laisse au voyageur français, éternel naïf, le soin d'admirer. Pour lui, fidèle à ses habitudes, il préfère à ces bâtisses neuves, à ces quartiers graves et compassés, le dédale de ses vieilles rues avec leur aspect bon enfant, la couleur sombre de leurs murs, les toits connus, brunis, dorés par les saisons, où les cigognes nichent depuis des siècles et qui abritent des familles aux traditions immuables. Il préfère son vieux Strasbourg où Kléber monte la garde, où Gutenberg médite, ses arcades du moyen âge, animées, pittoresques, où l'on vend de tout, des cigarettes et des jouets, des pâtisseries et des fourrures, des chapeaux et des bijoux et que les gens de la campagne fréquentent toujours, faisant flotter sous les arceaux séculaires le frisson du grand nœud noir. Il a ses brasseries favorites d'où rien ne peut le déloger, sa table où il retrouve tous les jours, à la même heure, de vieux amis. Il connaît, il salue tout le monde dans ce quartier où chacun est au courant de son origine, de sa situation, de sa parenté. Là, dans ces rues aux noms réjouissants, rue de l'Arc-en-Ciel, rue de l'Ail, rue de la Mésange, il se sent chez lui, maître incontesté du pavé, du trottoir, en pays de connaissance, prêt à riposter par une violente injure ou par un bon coup de poing à celui qui viendrait lui contester ce titre d'Alsacien et de Strasbourgeois dont il est si fier.

Les quais de l'Ill, le Broglie, sont bordés de beaux hôtels, où l'on menait joyeuse vie au dix-huitième siècle. Les patriciens du moyen âge, les grands bourgeois qui s'étaient révoltés contre leur terrible évêque, Walther de Gérolsdeck, qui avaient fait la Réforme et tenu ferme durant des siècles les clefs et la bannière de la ville, s'étaient transformés, sous le règne brillant des rois de France ; ils copiaient le luxe des Rohan ; le palais fastueux, où le célèbre cardinal *Collier* a vécu, avait trouvé des imitateurs. Strasbourg a toujours suivi les modes françaises de très près : sous Louis XV, sous Louis XVI elle était du bel air. C'est l'époque où l'on a élevé au temple Saint-Thomas l'admirable mausolée de Maurice de Saxe par Pigalle. Strasbourg était devenu sous le maréchal de Broglie et le maréchal de Contades un tel foyer d'élégance qu'un si beau monument ne jurait pas dans un cadre qui tous les jours se modernisait. Les estampes de cette période, le déploiement des cortèges, les fêtes offertes au roi témoignent d'une magnificence inouïe. Ce n'était pas une disgrâce pour un homme de cour d'être envoyé en Alsace ; les miniatures, les portraits de famille, les costumes témoignent du train de vie qui y régnait. Voltaire s'y plaisait. Maurice de Saxe, vainqueur de Prague et de Fontenoy, le plus fier conquérant du dix-huitième siècle et le plus aimé des hommes à une époque où l'on aimait l'amour, ne devait pas s'y sentir dépaysé.

Du dix-huitième siècle, le Strasbourgeois a conservé le culte de la politesse, le respect des manières aristocratiques. On est parfois étonné dans les magasins des formules heureuses qui accompagnent l'entrée et la sortie des visiteurs : anciennes façons qui survivent. La tourmente révolutionnaire n'a pas altéré ce sentiment des convenances qui s'accorde très bien avec la dignité alsacienne, et l'argot moderne, depuis quarante ans, n'ayant pas envahi chez eux comme chez nous, ils n'ont pas pris les mœurs démagogiques. Ce sont des républicains qui détestent le laisser-aller et le débraillé.

Chaque siècle a déposé son empreinte sur Strasbourg, aucune n'est entièrement disparue. Mais c'est le moyen âge qui l'a surtout marqué. Autour de la cathédrale se pressent un tas de vieilles maisons dont les chambranles, les poutres sculptées, les étages en saillie, les toits en auvent, les portes et les fenêtres cintrées, les caves et les greniers n'ont pas bougé depuis les Armagnacs, depuis la descente du Téméraire en Alsace, depuis l'époque héroïque où Strasbourg avec sa fonderie de canons et ses boulets ne craignait pas l'assaut des barons du voisinage, reîtres et lansquenets, gueux et pillards que tentaient l'escarcelle des bourgeois, les colliers d'orfèvrerie, les robes de velours et la beauté de leurs femmes.

Il nous est arrivé de nous égarer dans ces ruelles obscures, coupe-gorges où, d'une fenêtre à celle d'en face, deux amoureux, en se penchant, pouvaient échanger un baiser. Le jour y descend à peine, filtré entre les lignes des toits où jasent des milliers d'hirondelles. Les fenêtres gothiques, accouplées deux à deux, selon le gracieux modèle alsacien, découpent avec élégance leurs trèfles sur la muraille. Un cordonnier travaille dans une boutique sombre, dont l'arc surbaissé, orné d'un millésime et d'un écusson, a vu passer jadis quelque puissant attmeister. Une auberge a conservé ses petits carreaux en verre de bouteille et l'on entend derrière les vitres des bruits de brocs, des chocs de gobelets, tout comme à l'heureux temps où l'on racolait Fanfan la Tulipe en l'enivrant dans quelque bouge. Cependant de vieilles petites maisons bien sages et bien honnêtes ferment leurs volets à la tombée de la nuit et l'on imagine la vie réglée et ordonnée des ménagères qui les habitent, la promenade du matin au marché, la prière à la cathédrale en passant, les propos échangés avec les voisines sur le seuil des portes et la vie qui s'écoule, éternellement la même, entre les travaux d'aiguille et le fumet de la cuisine, existence pleine de bon sens et de monotonie qui tire sa noblesse des circonstances. Défendre et garder ses pénates, c'est servir l'Alsace.

Ce vieux Strasbourg que les obus de 1870 n'ont pu démolir, protégé par la flèche de la cathédrale, tout croulant de vieillesse et de souvenirs, réserve au voyageur bien des surprises et des satisfactions. Vers midi, quand chacun regagne son logis, c'est une animation extrême dans les rues et des conversations françaises qui nous rassurent. Les enseignes ne sont tolérées qu'en allemand. « Changement de domicile » est considéré comme séditieux par la police. « Bonbons Lakritzia » est prohibé, mais l'on admet « Lakritzias bonbons ». Au milieu de ces chinoiseries administratives, l'Alsacien se tire d'affaire en adoptant pour la réclame commerciale tous les mots allemands qui ressemblent, à s'y méprendre, à des mots français et ils sont légion : Friseur, mobilier, etc. Quant aux étalages, regardez-les bien. Ils ont toujours un coin de malice. Ici, c'est une gravure de la Révolution, un hussard de Bercheny qui étale glo-

rieusement ses brandebourgs ; là, ce sont des médailles militaires, des croix, des décorations, tout un chapelet de reliques,
qui trouvent en Alsace leurs dévots. Detaille et Alphonse de
Neuville ornent les devantures des encadreurs. Les marchandes
de cartes postales alignent des pantalons rouges. Les brodeuses
elles-mêmes s'ingénient à représenter des uniformes français.

Ah ! ces vieux magasins de Strasbourg, on n'y conspire
pas, on n'y remue pas des secrets d'État, mais ce sont des
lieux de réunion, des refuges, des salons où l'on cause. La rue
impose quelque contrainte, tandis qu'à l'intérieur des maisons
les langues se délient, on dit plus ouvertement sa pensée. Elle
n'est jamais tendre pour les vainqueurs. Décidément, ils n'ont
pas su se faire aimer.

Au pied de la cathédrale, nous entrons chez un marchand
d'estampes. Tandis que nous regardons les ivoires, les tabatières d'argent, les meubles et les miniatures, une grande Alsacienne arrive, dépose un paquet sur une chaise, le confie à la
marchande. Elle vient de Wissembourg. La conversation s'engage sur l'inauguration du monument, une journée inoubliable !
Mais notre interlocutrice s'anime, elle nous rappelle les épisodes de cette fête, le passage des drapeaux français au milieu
des acclamations, les larmes des vétérans. Elle a retenu quelques phrases du discours : « Quand vous passerez devant ce
monument, vous vous inclinerez profondément en songeant à
ceux qui sont morts pour votre patrie. » Elle les répète avec
exaltation. Nous sommes étonnés, un peu surpris de ce brusque
enthousiasme. Alors, pour l'expliquer, elle nous dit qu'elle a vu
la bataille de Wissembourg, qu'elle habitait le pays en 1870.
Ces choses-là ne s'oublient pas.

« Les troupes françaises, dit-elle, étaient désorganisées. Le
matin même de la bataille, nos soldats, notre armée achetaient

encore des canards et des lapins et les paysans d'Alsace avaient
beau les prévenir de la présence de l'ennemi, signalé dans les
environs depuis huit jours.

« On a livré bataille et dans quelle belle position, vous l'avez
vu au Geisberg.

« Et nous, nous avons dû quitter notre maison. Les gendarmes
sont venus nous dire : « Fuyez, les Prussiens arrivent, et nous
« sommes partis dans les bois. »

« Maintenant, la France nous délaisse. Elle prend nos enfants
pour les envoyer mourir dans les champs de sable de l'Afrique,
mais personne ne pense plus à nous. Nous ne voulons pas la
guerre, mais c'est mal de nous oublier. »

Il y a des minutes où un Français en Alsace est vraiment fort
embarrassé. Que répondre à cette Alsacienne indignée, dont
l'émotion n'avait pu se contenir ? Malgré tout, ces paroles vio-
lentes étaient dites avec le désir de nous prouver une sympathie
mécontente mais fidèle. Ce qui révolte évidemment les Alsaciens, c'est que tant de Français, légers, irresponsables, les
tiennent aujourd'hui pour des Allemands, après les avoir hon-
teusement lâchés il y a quarante ans. A celle qui remuait de
si douloureux souvenirs, nous n'avions rien à répondre. Nous
l'avons laissée tristement partir et nous n'étions pas fiers.

A la base de la société alsacienne, des familles. Le lien du sang
est étroit. Les fils, les grands fils, solides comme des hercules,
restent longtemps, très longtemps sous la tutelle maternelle.
Il n'est pas de fête complète si tous les enfants ne sont réunis
autour de l'oie dorée, de la dinde farcie, des illustres pâtés et
des flacons remplis d'un vin ensoleillé. *L'Alsace à table* est le
titre d'un gros volume de Charles Grad. Mais les plaisirs de la

table n'ont tant de charme que parce que des visages connus l'animent. Les enfants qui se marient ne quittent pas le foyer paternel. Les vieux ne sont pas seuls. Leur autorité est toujours reconnue. Tout le long du Rhin, en Belgique et dans le nord de la France, cette conception patriarcale l'a emporté sur l'autre. C'est le charme de l'Alsace, ce mélange de force et de docilité !

Chaque famille forme un petit monde où l'on s'inquiète les uns des autres, où l'on s'entr'aide. L'individualisme français nous offre d'autres jouissances, mais félicitons-nous d'avoir gardé sur nos frontières ces familles inébranlables, pierres d'achoppement de la germanisation.

J'admire ici, chez les hommes d'un certain âge, la souplesse combattive. Un état de lutte permanent leur conserve toute leur vigueur et leur entrain. Ils n'ont pas le temps de s'assoupir. L'Alsacien meurt sur la brèche. Au fond, ce sont d'autres gaillards que les Allemands.

La guerre a toujours été l'industrie de ce pays, l'Alsacien est militaire, l'Allemand ne l'est pas.

.·.

L'hôtel où nous sommes descendus ne date pas d'hier. C'est la vieille hôtellerie française. Au bureau, une figure aimable à qui l'on peut parler. Le service se fait sans raideur, une gaieté règne dans les escaliers, dans la salle à manger où le bruit des conversations couvre celui des fourchettes. Une certaine familiarité même ne déplaît pas chez le garçon qui veut nous prouver ses connaissances de français.

Deux jeunes volontaires prennent à côté de nous leur repas. Ils portent l'uniforme des hussards. Mais il parlent haut français pour que nous sachions bien qu'ils sont Alsaciens et que nous n'avons pas à les traiter en adversaires. Tout à l'heure, quand ils décrocheront leurs manteaux et qu'ils partiront, ils nous feront un joli salut ponctué d'un : Bonsoir, Messieurs! qui ne laisse aucun doute.

.*.

Avec ses pierres grises et roses la cathédrale de Strasbourg a toujours un air de fête. Elle est très haute comme ces Alsaciens qui vous obligent à lever la tête quand on leur parle. C'est une magnifique géante, brodée jusqu'à l'excès dans sa parure extérieure, prodigalité de la race, mais, à l'intérieur, sombre, mytérieuse, émouvante à souhait, nous touchant jusqu'au fond de l'âme.

L'usage est de gravir les marches de l'escalier tournant qui mène à la plate-forme et de là au sommet de la flèche, d'où l'on découvre les toits de Strasbourg, la plaine d'Alsace, les Vosges et les monts de Souabe. Gœthe et Oelenschlæger ont fait cette ascension, et leurs noms sont gravés à côté de ceux des princes du sang dans la cage du clocher. Rien n'est plus romantique que Strasbourg aperçu entre les mailles ciselées de la grande aiguille. A mesure que l'on s'élève, on domine un réseau de petites rues, de places et de marchés, un ensemble de tuiles verdies et dorées, un peuple de cheminées qui fument, quelques jardins perdus dans de sombres enclos comme des gouttes de lumière et la multitude des passants qui vont à leurs affaires. De cette position on voit clairement la configuration de Strasbourg. Des casernes et des quartiers neufs l'enserrent comme un étau. La vieille ville, bijou précieux, relique de l'ancien temps, patinée, polie, harmonieuse de couleurs et de formes, souriante comme toutes les belles choses où le temps a mis son empreinte, survit presque sans tache au milieu de ce cercle de grosse maçonnerie. Toutes ces petites maisons, avec leurs lucarnes, leurs pots de fleurs, éveillent l'idée de gracieuses captives gardées par des dragons. L'Allemand restaure et adore les nouveautés; l'Alsacien, conservateur, vit dans le vieux logis de ses parents.

Quatre cavaliers chevauchent sous des pinacles près de la grande rose : Clovis, Dagobert, Rodolphe de Habsbourg et Louis XIV. Ces beaux seigneurs, du haut de leurs chevaux caparaçonnés, regardent les jeux du soleil sur les toits. Les corneilles et les hirondelles nichent dans leur couronne. Ils sont là pour rappeler aux Alsaciens leur magnifique histoire.

Aux portes de la cathédrale, les vierges sages et les vierges folles nous invitent et nous montrent le chemin. Les unes tiennent droites leurs lampes, les autres les ont laissé s'éteindre faute d'huile. La prudente Alsace goûte cette légende. Ses grands greniers, ses caves, ses ressources pour l'hiver font qu'elle n'est jamais prise au dépourvu. C'est le pays des provisions : on peut y subir un siège demain; le pays des grandes réserves matérielles et morales. Cependant le sculpteur a fait aux vierges folles de charmants visages, l'imprudence est parfois si séduisante.

La Foi et l'Incrédulité sont figurées au-dessus du portail du levant. La Foi tient le calice et la croix : c'est une forte Alsacienne aux hanches maternelles. L'Incrédulité a les yeux bandés, la lance brisée, la tête inclinée. C'est une vaincue qui s'abandonne, c'est la figure du désespoir. Elle inspire l'horreur, car l'Alsace veut se ranger parmi les forts qui résistent. Pour cela, il faut une croyance.

L'intérieur de la cathédrale est fantastique d'ombre, de majesté, de grandeur souveraine. On se sent écrasé par ces voûtes, enlacé par le plus doux des sortilèges. L'abside est très obscure parce que le chœur de Strasbourg est roman, presque aveugle comme les voûtes byzantines. L'autel surélevé, modeste, a conservé la simplicité des premiers temps du christianisme. Cette nudité, ces ténèbres saisissent. La nef est soutenue par d'énormes piliers contre lesquels des vieillards agenouillés font leur prière. Il n'y a pas de chaises dans l'église, ce qui lui garde la beauté d'un temple. Des vitraux extrêmement vifs et animés, feux de l'enfer, pourpres diaboliques ou sublimes visages de vierges et de saintes, filtrent et tamisent un jour étrange. Dans l'air alourdi de parfums la flamme des cierges, au pied de Notre-Dame de Bon-Secours, éclaire des figures inoubliables. Nous sommes ici dans l'asile du recueillement, de la résignation touchante et de l'espérance. On songe à toutes les larmes que ces murailles ont vues, au rôle joué dans l'histoire de Strasbourg par cette cathédrale, le refuge inviolable, le lieu de paix et de réconciliation où tous les bons Alsaciens viennent signer la trêve de Dieu.

Le catholicisme est un merveilleux soutien pour l'idée française en Alsace. Un dimanche j'ai vu, groupé autour de la chaire, un auditoire qui se composait certainement de gens instruits et cultivés, car le prêtre qui leur adressait la parole leur parlait un langage d'une noblesse, d'une élévation et d'une délicatesse que des néophytes du français n'auraient pu saisir. Il prêchait sur les dévotions, sur l'usage discret qu'il fallait en faire, sur leur adaptation merveilleuse à toutes les circonstances de la vie. Une jeune fille, disait-il, priera plus volontiers devant la Vierge tenant l'enfant dans ses bras. Une mère de famille qui traverse de cruelles épreuves se réfugiera au pied de Notre-Dame des Sept-Douleurs. Ainsi, avec un art consommé, avec cette douceur et ce ton pénétrant, évangélique, que l'on ne voit plus qu'aux vieux prêtres, il énumérait le magnifique cortège des dévotions catholiques. Parler de cette manière, dans la langue de Fénelon, n'est-ce pas maintenir au plus haut degré notre esprit français, qui vit de distinctions et de nuances? L'Alsace a reçu en partage un rude bon sens, mais il lui faut cette vue claire des idées que, seule, la France peut lui donner. On ne met pas en doute, ici, la supériorité de l'ancienne tradition française, l'art de composer, de mener un discours, d'en choisir les termes et d'épuiser un sujet par une analyse complète, lumineuse et satisfaisante. La culture allemande n'a aucune prise sur des cerveaux ainsi disposés. La profondeur et la sentimentalité, ils la possèdent. Ils réclament autre chose, l'esprit, la clarté, le mouvement, le goût, ce qui ne s'enseigne pas dans une chaire d'université, ce que l'on apprend dans la fréquentation des grands écrivains de la France.

LES BORDS DU RHIN

Laissez-les parler alsacien, ils sabrent en français.

NAPOLÉON.

Les Français ne viennent plus aux bords du Rhin. Ils n'écoutent plus la musique des eaux rapides qui coulent entre les peupliers. On dirait qu'ils craignent la vue de ces reflets d'émeraude qui les ont tant de fois attirés.

Au temps de Musset, de Victor Hugo, de Lamartine, c'était le voyage romantique. Les belles ruines existaient encore dans leur noble abandon. Les bains de Bade attiraient les joueurs et les élégantes. Les enfants étaient bercés par les contes de Grimm où il y a des trésors cachés, des nains, des ondines et de beaux châteaux hantés par des dames blanches. Gustave Doré promenait sa fantaisie à travers ces paysages sur lesquels flotte la brume des légendes éternelles. De longs flacons de Johannisberg, le cru du maréchal Lefebvre, ornaient nos tables. Les dames portaient des cailloux du Rhin en colliers, en bracelets. Le grand fleuve habitait nos imaginations.

Pourtant le Rhin glisse toujours, magnifique, dans sa robe verte et luisante. De hautes rangées d'arbres encadrent ses rives et les bras morts qui se dispersent entre des îles de gravier et de saules. Le courant majestueux de cette masse d'eau qui traverse la plaine et miroite à l'horizon, frappe le regard. On l'aperçoit de tous les sommets des Vosges comme un ruban de fête éclatant, au milieu des moissons.

Pour la tranquille possession de ses bords que de batailles se sont livrées ! Rome, la Gaule, tous nos rois de France ont eu les yeux fixés sur lui. Ce grand serpent qui fuit vers le Nord a toujours eu le don d'exciter les convoitises et l'humeur combattive des peuples. Il frémit dans ses joncs comme un bruit d'acier qui invite au combat. Il est, à lui seul, la grande frontière qui sépare l'Occident de l'Europe centrale : d'un côté sont les populations fortement enracinées et marquées par leur sol, nos provinces indélébiles, de l'autre des races plus mobiles et plus fugitives, des pays moins bien tracés, des âmes plus cosmopolites.

Il fut un temps où tous les nobles francs, tous les chevaliers, tous les fils de roi gagnaient leurs éperons dans ces vertes campagnes. Il fut un temps où la cour en émoi, quittant les tables de lansquenet et le rond des conversations, se précipitait aux nouvelles pour connaître la liste funèbre des gentilshommes, gardes françaises ou mousquetaires, qui mouraient à l'armée afin de permettre au monarque, héritier de huit siècles d'efforts, de remettre sur son front la couronne de Charlemagne. Il fut un temps où les proclamations des généraux de la République faisaient tressaillir d'effroi les villages badois. Aux exploits de Kléber, de Hoche et de Jourdan, le sol tremblait et les armées de Sambre-et-Meuse et du Rhin, suivies de leurs aérostats, s'enfonçaient au cœur de l'Allemagne. Il fut un temps où, sur le pont de Kehl, les aides de camp de Napoléon passaient et repassaient comme chez eux, au galop, portant des ordres à Kellermann, qui gouvernait Mayence; à Davout, gouverneur de Hambourg; au maréchal Lefebvre, duc de Dantzig; à tous les lieutenants de l'Empereur, campés sur les ruines du Saint-Empire romain germanique et maîtres de l'Europe.

Wissembourg, Frœschwiller, les houblonnières de Reich-

shoffen, les fondrières de Morsbronn ont rompu ce charme
séculaire. Les Français d'aujourd'hui ne vont plus vers les rives
du Rhin. Ils ont fui le théâtre de leur défaite, ils hésitent à y
revenir. Une angoisse les y attend : ils tremblent de s'y retrouver face à face avec l'histoire et les gloires du passé. On ne
vient plus en voyage de noces sur les rives où l'alouette gauloise s'est si souvent mirée, et les filles du Rhin, au fond de
l'eau, rient, jasent et s'amusent toujours, mais ce n'est plus
aux dépens du Badois débonnaire.

VIEUX-BRISACH

Le plus grand malheur qui puisse nous arriver, c'est quand un Allemand meurt chez nous. Toute sa famille vient à son enterrement et ils se trouvent si bien en Alsace qu'ils y restent.

Le temps n'est plus où le comte de la Suze, gouverneur de Belfort, voulant faire une débauche de vin, accourait à Brisach à quelque « ivrognerie célèbre » et faisait tant d'honneur aux crus renommés des Vosges et du Rhin qu'au retour, un troupeau de cochons l'ayant désarçonné sur le pont et lui passant sur le corps, il criait : quartier, cavalerie, quartier ! croyant avoir affaire aux *Cravates* de l'Empereur.

Brisach est aujourd'hui une ville calme, trop calme, qui mire ses flèches gothiques dans les flots du Rhin. Le pont de Louis XIV n'existe plus, celui qui conduisait de la *ville de paille*, où la Chambre de réunion rendait ses arrêts, au bourg perché sur un bloc de lave volcanique. Le grand Roi avait élevé à la tête du pont un portique monumental : il est toujours debout avec ses esclaves enchaînés, ses Victoires et ses trophées. C'est une grande machine dans le style de Versailles, pompeuse et triomphante, mais qui ne mène à rien. La porte s'ouvre, béante, sur un affluent du grand fleuve. Les gentilshommes de la cour n'y passent plus en coup de vent. C'est un des coins les plus déserts de Vieux-Brisach. Aux alentours quelques vieilles femmes arrachent l'herbe qui pousse entre les pavés, des enfants en guenilles, pieds nus, s'avancent au bord de l'eau, vers une île boisée dont les panaches de saules et de peupliers sont les derniers saluts que reçoit le Roi Soleil. Quel abandon !

Entrons dans cette petite ville, postée sur la rive droite du Rhin, en vedette. Nous y retrouvons la trace du passage de nos aïeux. La cathédrale avec sa jolie silhouette a été bâtie par un maître de nos pays. C'est lui, tailleur de pierre ou maçon d'Ile-de-France, qui eut l'idée de dresser, comme à Laon, comme à Beauvais, ce miraculeux ensemble d'ogives, de contreforts, de piliers, cette dentelle élégante au sommet de la montagne. Voilà qui est plus séduisant que les châteaux des bords du Rhin restaurés, retapés et munis d'un râtelier de créneaux modernes. Heureux temps où l'architecture française se reflétait dans tous les fleuves d'Europe !

Le trésor de l'église contient des calices et des ostensoirs que Louis XIV envoyait au clergé de Brisach pour gagner ses bonnes grâces. Présents que ces braves Badois acceptaient avec mille témoignages de reconnaissance tout en maudissant le voisin incommode et magnifique qui expédiait un jour de l'orfèvrerie, le lendemain des boulets à ceux qu'il ne perdait jamais de vue.

On nous montre quelques vieilles maisons, mais elles sont rares. La plupart n'ont pas d'étage. Elles s'échelonnent sur une rampe très raide, merveilleux point de mire pour les canons de Neuf-Brisach, et l'on raconte qu'à la première alerte, les marchands de la ville s'empressaient de déguerpir, craignant nos cavaliers légers dont la mémoire est restée redoutable en Allemagne jusqu'en 1870.

On venait jadis de Colmar à Vieux-Brisach pour se divertir. Les maîtres queux de l'endroit avaient un talent renommé pour apprêter des poulets cuits dans la pâte. On y venait consulter une cartomancienne qui logeait dans une petite maison basse contre le rempart. Les jeunes mariés y promenaient leur rêverie aux bords du Rhin. La simplicité du Badois amusait le bourgeois colmarien.

Mais ces parties de plaisir ont pris fin depuis la guerre. On a trop vu d'Allemands à Colmar, on les connaît. Ils ont cessé d'être amusants. La naïveté de la vieille Allemagne, sa bonhomie légendaire ont fait place à l'esprit conquérant des pangermanistes. Le Colmarien plaisante toujours la rusticité des gens d'outre-Rhin, mais d'une autre manière, car il leur tient rancune d'avoir été mauvais joueurs et de s'être fâchés après avoir gagné.

LE VIGNOBLE

« Il ne fait pas bon manger des cerises avec
les grands seigneurs, ils vous jettent les noyaux
à la figure. »

(Proverbe alsacien.)

Voici la plaine et les hautes vignes enroulées à l'échalas,
pourpres, dorées, vermeilles, qui font songer à l'Italie, mais
hélas! dépourvues de raisin. La vendange est manquée et
les grappes vertes, sans douceur, achèvent de pourrir sur
le cep. C'est la troisième année que ce désastre se produit.
On imagine la consternation du vigneron, dans un pays où
tous les plis de la montagne, tous les versants exposés au soleil
sont plantés de vignes, unique richesse de la contrée. Heureux
ceux qui ont de grandes caves et de larges celliers et qui ont
pu, dans une bonne récolte, s'approvisionner pour de longues
années! Pour les autres c'est une grosse déception. Les auberges ne respirent pas la gaieté que je leur ai vue en d'autres
temps. Plus d'argent, plus de crédit, et l'on parle à voix basse
de certaines bonnes familles qui déclinent, n'osent plus mener
le même train de vie ni marier leurs filles de peur de les mal
doter. Adieu les joyeuses ribotes! « Tout cela, Monsieur, nous
dit philosophiquement un zouave qui fume sa pipe sous un
vieux marronnier, c'est la faute des Allemands. » Le fait est
que les malheurs de la vigne ont coïncidé avec l'arrivée des
Prussiens en Alsace. De là à les en rendre responsables il

n'y a qu'un pas, vite enjambé par l'Alsacien qui se venge par des sarcasmes de la dureté des saisons et du poids des impôts.

Je me souviens de belles vendanges où les grives chantaient clair et se laissaient choir, grises de vin, dans les pampres jaunis. Les soirées étaient enivrantes. On voyait revenir vers les villages, par les chemins onduleux, des chars traînés par des bœufs qui ramenaient triomphalement les grandes cuves où déjà le jus fermentait. Un cortège de belles filles, la hotte sur le dos et la cornette de toile un peu chavirée sur leurs cheveux d'or, les accompagnait, suivi de près par une bande de gaillards qui chantaient doucement dans la nuit sombre de vieux airs alsaciens d'une gravité contenue. Les gamins, en train de gauler des noix dans les vergers du voisinage, accouraient pour voir passer cette troupe en liesse. On leur jetait parfois quelques belles grappes noires, des grains gonflés de suc et couverts d'une poudre bleuâtre et brillante, dont ils se régalaient. Jusqu'à minuit, dans les auberges, les chansons résonnaient et l'on valsait sous les tilleuls aux accords des violons. Personne ne dormait. L'odeur du vin flottait dans les rues. Quelques-uns nettoyaient leurs pressoirs, apprêtaient leurs foudres et leurs tonneaux. Les piqueurs de vin, gourmets-dégustateurs, montés sur une échelle, repeignaient au fronton de leur porte les lettres d'or de leur enseigne. Vers minuit l'on se mettait à table. Et le lendemain, au soleil levant, les chars s'ébranlaient et la cueillette recommençait, mêlée de rires et de joyeux propos qui traversaient la brume.

Obernai, Barr, Saint-Hippolyte, Ribeauvillé, Ammerschwihr, Riquewihr, c'est au pied des Vosges une suite de petites villes, échelonnées dans le vignoble, coquettes, fiérottes, parfois même cerclées de leur ceinture de remparts et perdues dans un océan de verdure qui moutonne à l'infini. De quelques-unes le nom est devenu célèbre, porté à travers le monde par ses flacons de liqueur blonde. Chez toutes, on retrouve des traits communs aux pays de raisin, de la gaieté, de l'entrain, l'amour de l'indépendance, la plus fine et la plus exquise civilisation, douceur et politesse, charme entraînant, générosité.

Barr, jadis important et riche, grâce à ses tanneurs, est un peu déchu depuis que ceux-ci abandonnent leur industrie. Le rêve des jeunes filles de Barr est de quitter leur petite ville aux ruelles étroites, leurs vieilles maisons patriarcales tout imprégnées de l'odeur du cuir et d'habiter Strasbourg et ses quartiers neufs. On délaisse les anciennes cités. qui avaient bien du charme, les tours dentelées de la paroisse, l'hôtel de ville avec sa bretèche, son balcon d'où les patriciens parlaient au populaire, le ruisseau rempli de truites et d'écrevisses et les belles promenades dans la forêt voisine dont on respirait l'air salubre en toute saison. Tout cela n'intéresse plus et l'on s'entasse pêle-mêle dans de grandes capitales où tout le monde est malheureux et indifférent au malheur des autres, tandis que chacun, dans sa ville natale, aurait pu vivre une calme existence et vieillir, entouré d'estime et d'affection, parmi les siens. L'Alsace elle-même n'échappe pas à ce vent de folie.

Comme l'air français s'est conservé dans ces petites villes d'aspect militaire! Nous rencontrons un prêtre sur la grand'-route. Il porte le rabat français et cause avec des enfants dans la langue de Turenne. Une société de gymnastique sort de la ville : elle porte des képis français. Devant une grande porte monumentale, que l'on fermait jadis à la tombée du jour, des jeunes gens s'attroupent, le feutre incliné sur le front et regardent passer, d'un air faraud, des jeunes filles dont la mise est pleine de recherche, roses, pavoisées comme des frégates, éclatantes de jeunesse et de santé. Chaque petite cité, comme toute ville française qui se respecte, a son mail ombragé, ses tilleuls taillés en boule, son jet d'eau, ses bancs de pierre, sa promenade où les vieux militaires et la jeunesse prennent le frais. Les persiennes entre-bâillées cachent de jolies curieuses. La pâtisserie est délicate et l'on boit dans les auberges, aux « Trois Mages » ou à « l'Homme Sauvage », un vin fort, savoureux, clair comme de l'or, qui vous met la gaieté dans la tête.

Comme c'est aujourd'hui dimanche, il y a beaucoup de monde sur les grand'routes (les villes sont si rapprochées l'une de l'autre), et des groupes s'avancent au milieu des vignes. Impossible de s'y tromper. Le chapeau cascadeur, le petit veston, l'air dégagé, la nonchalance du promeneur alsacien tranchent avec l'allure importante et l'accoutrement bizarre du touriste allemand. Les uns flânent, les autres foulent le sol du pays conquis. Ceux-ci sont rares, d'ailleurs, quelques douaniers, de malheureux fonctionnaires, perdus dans ces petits bourgs gaulois où la malice pousse aussi naturellement que le bon vin. Pourquoi les Allemands ont-ils toujours la mine en colère, l'air grognon, dans un pays où l'on n'apprécie que la fine moquerie, la bonne plaisanterie, qui ouvre et épanouit l'esprit ? Hansi ne les a pas caricaturés quand il les représente comme des chevaliers de la Triste Figure au milieu d'un peuple de bons vivants.

⁚⁚

Saint-Hippolyte nous apparaît tout enguirlandé par les feuilles d'automne. Rien n'est décoratif comme ces vieux remparts, ces tours assiégées par le lierre, les ronces, les folles clématites qui grimpent sur les créneaux, masquent les meurtrières, étouffent les pans de murs et cachent, sous leur manteau somptueux, les cicatrices des vieilles pierres. Dans les fossés, qui jadis défiaient l'escalade, les herbes, les légumes et les roses poussent à l'envi, et sur la porte d'entrée, bastionnée, blasonnée, ornée de devises et de mascarons, un grand nid de cigognes est posé comme un emblème maternel triomphant des vieilles guerres. Pauvres petites cités, que de fois prises d'assaut et vaillamment défendues par leurs bourgeois, qui se faisaient tuer sur la brèche, en Alsaciens têtus, plutôt que de passer par les caprices de leurs seigneurs ! C'est dans ces murailles, ornement inutile, mais pieusement conservé, que s'est formée la bourgeoisie alsacienne, caustique et incorrigible.

Est-il étonnant que ces propriétaires de vignes, à leur aise, occupant des maisons spacieuses, vivant sur leur bien, fiers de l'ancienneté de leur famille et de leur ville, jaloux de leur indépendance, frondeurs et turbulents quand le vin les échauffe, est-il étonnant qu'un peuple aussi vif refuse de se germaniser? Le vignoble est un des pays où l'Allemand n'a pu s'implanter. En ses nouveaux maîtres, l'Alsacien a reconnu, avec un peu moins de branche, le sang détesté des anciens hobereaux, des burgraves, depuis longtemps délogés de leur aire. Dans l'amour qu'il portait aux ruines de ses châteaux, il entrait de la fierté plébéienne : c'est pourquoi l'on a vu d'un très mauvais œil, dans ces cités égalitaires, la restauration du Haut-Kœnigsbourg et la cavalcade moyenâgeuse par laquelle on l'inaugura.

Il en sera ainsi tant que le soleil fera pousser le raisin et qu'il y aura des épicuriens pour le boire. Il ne faut pas attendre d'eux une révolte désespérée; mais, vignerons opiniâtres et résistants, ils savent que la patrie du vin, c'est la France. « Buvez, disent-ils au vainqueur, notre vin d'Alsace et laissez-nous maîtres de nos foyers. »

Ribeauvillé et le vignoble n'envoient au Reichstag que des

députés absolument indépendants. C'est ici le fief électoral de l'abbé Wetterlé. Il faut voir de quel air de gourmandise, sûre d'être satisfaite, le vigneron fait sauter la bande du *Nouvelliste d'Alsace-Lorraine* et commence la lecture de son journal.

Demandez votre chemin en allemand le long de la route : « Nach Colmar? — Oui, oui, » vous répondent en riant de robustes Alsaciennes. Votre accent vous a trahi.

Les formules françaises de politesse, les bonjour! merci! à votre service! s'entremêlent au patois alsacien et cela forme un langage tout à fait réjouissant. Ils sont ravis de vous sortir ces quelques mots d'urbanité, dits simplement et rondement, sans la politesse obséquieuse des Allemands, dont ils se moquent, parce qu'ils devinent en dessous une extrême sauvagerie.

Si l'un de ces intraitables, ancien soldat de 1870, vient à mourir, il n'est pas rare qu'il se fasse ensevelir dans le drapeau tricolore : c'est le linceul qu'il préfère. Ses vieux compagnons d'armes, avec la musique des sapeurs-pompiers, clairons, uniformes français, le conduisent à sa dernière demeure en lui jouant les airs qu'il aimait.

« *Frei leben oder sterben*! La liberté ou la mort! » telle est la devise inscrite sur le cadran de l'église de Guebviller. On la trouverait gravée dans le cœur de tout Alsacien. Au moyen âge, dix de ces villes libres, de ces villes-républiques s'étaient liguées contre tous les pillards qui les rançonnaient et promis mutuelle assistance : elles formaient un faisceau que l'on appelait la Décapole.

Dans leurs hôtels de ville qui n'ont pas bougé depuis la guerre (il en est comme celui de Thann qui furent construits par Kléber), on voit, roulé dans un coin, un morceau d'étoffe poussiéreux, et le gardien, si vous êtes seul, vous dit, en clignant de l'œil : « C'est le vieux drapeau français qui est là, en attendant. » Qu'est-ce qu'ils attendent? ils n'en savent rien.

Mais ils savent bien que l'état dans lequel ils vivent ne peut toujours durer. Quarante ans sont passés et l'Alsace, mariée malgré elle, demeure aussi récalcitrante que le premier jour aux sourires comme aux coups de bâton de son disgracieux époux. *Non consummatum est.*

LA PETITE VILLE D'ALSACE

Ne soyez pas si fiers de vos ancêtres. Je suis un ancêtre, moi !

Maréchal Lefebvre.

Un vieux rempart couvert de roses, rien n'est plus beau sous le soleil couchant. La petite ville a gardé ses murailles assiégées par les clématites et le lierre sauvage, ses fossés, ses poternes, ses meurtrières et ses échauguettes. Une vigne vierge rouge tresse des guirlandes entre les créneaux édentés ; des glycines, jaunies par l'automne, pendent sur les murs de grès humide et d'un beau vert de bronze. Un grand masque ricane au-dessus de la porte de ville, écarquillant les yeux, enflant d'un rire énorme sa face de Silène, et les coins de sa bouche, fendue jusqu'aux oreilles, sont armés de fourches pointues. C'était jadis un entonnoir par lequel on versait la poix fondue sur l'assaillant et un épouvantail, une face dérisoire qui se moquait de l'ennemi, emblème de la petite ville d'Alsace, sûre de la solidité de ses murs et du courage de ses habitants.

Le ton chaud de la pierre, de la verdure, des feuilles de vigne rousses ou vermeilles qui entourent la cité de leurs tons de grenat, de topaze et de rubis, comme une molle ceinture autour de la taille d'une Bacchante, les roses, les dahlias qui poussent sur les jardins en terrasse, les tuiles brunes et mordorées, couvertes de mousse et de joubarbe, les sarments de la vigne qui s'enfoncent comme des serpents dans le vieux ciment du mur, tout cela forme un ensemble réjouissant, d'une couleur ardente, fauve, agréable aux yeux comme un beau visage de vieille femme patiné et ivoiré par le temps.

Si l'on pénètre dans la petite ville, on s'avance dans des rues étroites entre de hautes rangées de maisons d'un beau noir de fumée, d'un beau marc de café : poutres entre-croisées, balcons de bois aux pilastres branlants, étages surplombant la chaussée, auvents qui protègent du soleil et de la pluie des façades bossues, crevassées, sombres comme les ténèbres de l'histoire, qu'éclaire cependant le manteau bleu d'une vierge rustique ou de frais géraniums sur le bord d'une fenêtre. Rues sans soleil, affrontant leurs maisons qui se coudoient, qui se connaissent et savent à merveille les origines et le mérite ancien des familles qui s'y perpétuent. Les portes sont souvent basses et massives, taillées dans une ogive que surmonte un de ces dictons, parole de bienvenue ou proverbe moqueur, qui donnent à la maison un visage parlant.

Un vieux puits recommande en un distique malicieux l'arome de son eau supérieure au vin subtil. Mais qui tient compte de l'avis dans cette aimable ville où tous les corridors exhalent un parfum de vin nouveau, où les maisons reposent sur des soussols qui sont des palais, des salons de dégustation, où tous les hommes, bardés de gros tabliers de cuir, le teint prodigieusement coloré, l'œil ardent, les bras noueux et les épaules larges, raccommodent les futailles, cerclent les tonneaux, font chanter les maillets, où l'on entend filtrer à travers les grilles du cellier le murmure cristallin du vin qui s'égoutte et qui chuchote au fond de la terre, dans les caves voûtées, sous les arceaux romans, comme l'esprit mystérieux et malin de la cité ?

Tout porte ici la trace d'une longue civilisation. L'encadrement des fenêtres est joliment sculpté de masques et de fleurons, de rinceaux de marguerites et de fruits. Le vieux pont en dos d'âne qui enjambe le ruisseau porte sur la pile du milieu une gracieuse chapelle gothique, une de ces Vierges alsaciennes infiniment maternelles et pitoyables aux pauvres gens. Chambranles ouvragés, rampes en bois tourné, galeries, colonnettes, enseignes qui grincent au vent, margelles de puits, niches de saints, vieux toits, bombés, arqués et vigoureux comme des échines d'athlètes, ont un air imprévu, ironique et charmeur. La rue est pleine de souvenirs et de spiritualité, si vieille et toujours si semblable à elle-même qu'elle inspire confiance. Sa noblesse vous attire, sa bonhomie vous retient.

Aussi, quand il avaient couru le monde et risqué leur vie sur tous les grands chemins, hussards et carabiniers, chasseurs à cheval et grenadiers, grands Alsaciens pour qui la bataille était une fête, revenaient tout bourgeoisement finir leurs jours et chauffer leur carcasse aux bons rayons du soleil d'Alsace sous les arbres du mail de leur ville natale. Ils avaient vu les couvents de Madrid et de Saragosse et les icônes d'or du Kremlin; mais ils n'avaient de foi et d'espérance que dans le Calvaire de leur pays, dans le bon Dieu de bois doré affreux, sanglant, flagellé mais touchant, suspendu à la voûte de leur église, dans la petite Vierge de leur village, entourée d'ex-voto, qui fait tant de miracles, sauve les enfants qui tombent du toit, les vignerons qui roulent sous leur char, les malheureux surpris par l'incendie et protège dans les batailles ceux qui ont porté jusqu'au bout du monde le patois alsacien, la gaieté alsacienne, l'amour du bon vin, l'envie de se battre et le mépris de la mort.

COLMAR

Français ne puis,
Allemand ne daigne,
Alsacien suis.

Il existe en Alsace une ville qui n'est pas grande, mais qui fait beaucoup parler d'elle. Ses bourgeois ne sont pas les plus riches de la contrée. Elle n'a ni l'ampleur de Strasbourg, ni les métiers de Mulhouse. C'est une petite ville tranquille et confortable, assise au bord d'une rivière où les lavandières se tiennent comme au vieux temps, agenouillées côte à côte et mêlant aux coups de battoir quelques bons coups de langue. Elle possède des monuments qui attirent l'étranger. Tous les voyageurs s'y arrêtent, sûrs d'y trouver un musée, des toiles extraordinaires que l'on ne voit que là et une quantité de maisons du moyen âge ou de la Renaissance, toutes originales, parce qu'elles ont été bâties avec amour pour la commodité et la joie de leur propriétaire, et non pour étonner les passants qui, d'ailleurs, ne s'étonnent de rien ; car cette vieille ville a une fort belle histoire et, chose curieuse, ses habitants la connaissent et ils en sont fiers. Les bourgeois de la cité sont fort polis et prévenants dans leurs manières. Ils ont pour la plupart un grand air de réserve et de distinction naturelle et il est aisé de deviner que la présence continue de magistrats dans cette ville de cour et de judicature a retenti sur eux en leur donnant des façons civiles et parlementaires. Cependant qui écouterait attentivement leur conversation serait surpris de son tour vif et plaisant. Les jeunes filles ont un air mutin qui leur sied à ravir. Bref, tout est agréable à dévisager dans cette vieille cité, chère à tous ses enfants, même à ceux qui l'ont abandonnée et qui, du fond de leur exil, rêvent d'y rentrer finir leurs jours.

Il y a dans le caractère colmarien un mélange singulier de réalisme et de finesse spirituelle. Ils aiment la bonne chère mais à la condition qu'elle soit assaisonnée de fins propos. Ils aiment le théâtre, et leur théâtre est charmant, décoré de boiseries blanches du dix-huitième siècle, orné des bustes de Racine et de Molière, en pleine harmonie avec les pièces françaises que l'on y joue. Mais ils aiment aussi leurs réunions de famille, l'intimité de leurs foyers et des causeries où l'on se comprend à demi mot. Ils aiment la brasserie bruyante où l'on coudoie tout le monde, même des Allemands, mais ils veulent y avoir leur table à part, dans un coin retiré, d'où ils observent le spectacle et s'en divertissent. Ils aiment une simplicité pleine de bonhomie, mais ils détestent la vulgarité; avec leur air nonchalant, ils connaissent parfaitement le code de la politesse et leur sans-façon n'est qu'une manière originale d'affirmer leur indépendance. Au fond, tout bourgeois de Colmar est fier de l'être, et, s'il surgit tant de conflits et de malentendus dans les cours du lycée entre écoliers et professeurs, c'est que les éducateurs prussiens ont négligé d'étudier l'histoire des villes libres d'Alsace : ils y auraient vu les efforts séculaires d'un peuple qui n'a jamais aimé obéir à personne, mais qui ne marchande pas son affection à ceux qui lui marquent l'estime et les égards qui lui sont dus.

.•.

Nous sommes arrivés le soir à Colmar. Les soldats libérés,

la classe, circulaient en chantant, tenant en main une canne
ornée de rubans multicolores, et une gourde peinturlurée aux
couleurs de leur régiment. Beaucoup avaient arboré la cocarde
alsacienne : blanc et rouge. Sur le sol les enfants écrivaient
avec des cendres : « Parole : Heimat ! » ce qui veut dire :
« Le mot d'ordre aujourd'hui est : retour au foyer ! » Quelle
joie dans tous les yeux ! On régale les revenants, on leur fait
fête. Demain l'Alsace les reprendra, comme elle façonne
tous ceux qui l'habitent, terre puissante et modeleuse de
races.

Il existe à Colmar des familles allemandes à ce point fran-
çisées que les enfants, à la maison, ne parlent plus que le
français, les jeunes filles s'habillent à la française et tous sui-
vent la foule alsacienne, qui, chaque année, au 14 juillet, vient
à Belfort acclamer l'armée française. Ceux-là sont assimilés :
il y a sans doute une quarantaine d'années qu'ils habitent le
pays. La terre a opéré son miracle.

Une fête de charité réunit le soir, dans les jardins de l'Esplanade, des Alsaciens et des Allemands. La municipalité de
Colmar tente un essai de conciliation. Les officiers sont venus
en assez grand nombre, ils occupent les tables du buffet ; de
jeunes Alsaciennes s'approchent avec circonspection ; elles
sont déguisées en bouquetières, avec des fichus Marie-Antoinette qui rappellent les temps glorieux de la Révolution,
l'époque où Colmar fournissait 17000 hommes aux armées du
Rhin, où les femmes d'Alsace labouraient la terre, pendant
que les vieux montaient la garde sur les remparts, tous les
hommes valides étant aux armées. Mais ce charme conquérant
dont les jolies Colmariennes ont hérité n'est pas pour les
Prussiens et ceux-ci le sentent bien. Dans leur attitude raide
et hautaine on devine la crainte d'être rabroués. Un orchestre
militaire joue des valses entraînantes. Qu'attendent-ils pour

inviter ces demoiselles et les faire danser? Leur consente-
ment. Ils ont peur d'un refus. Aussi la fête est glaciale.

Mais voici qu'un officier de dragons, plus entreprenant,
plus gai que ses compagnons, avise le caricaturiste Hansi
dont la taille gigantesque est visible de loin, comme la flèche
de Strasbourg. Il se fait présenter à l'artiste alsacien, à celui
qui s'est tant moqué de ses compatriotes. Ils échangent même
une vigoureuse poignée de main. Les autres lieutenants semblent juger d'un œil sévère ces effusions insolites et bientôt
ils quittent rageusement la table, furieux de sentir qu'ils ne
sont pas les rois de la fête.

Colmar donne l'impression d'une ville où les Alsaciens, en
plus grand nombre, ayant gardé leurs chefs, jouissent d'une
grande liberté de mouvements. A Metz on résiste par la souffrance, la piété tenace, l'entêtement de la douleur; à Wissembourg on tient tête hardiment, avec une énergie farouche,
mais à Colmar l'âme de la résistance est encore plus alerte,
plus maîtresse d'elle-même : c'est par de bons mots, des mo-
queries mordantes que le Colmarien prouve sa sérénité et sa
supériorité sur le vainqueur.

Le plus grand des rieurs me disait ce soir-là : « On s'étonne
parfois de notre animosité contre eux. Mais sait-on tout ce que
nous avons souffert dans notre enfance, au lycée? Quel bon
souvenir pouvons-nous garder d'eux? On nous oblige à renier
tout ce que nous aimons. On nous défend de parler le français
en récréation, en promenade. Si nous avons le dessus dans
les batailles, les maîtres savent toujours nous faire expier la
victoire par des punitions, des privations de sortie. Et vous
voulez que des enfants, élevés sous une règle aussi rigoureuse,
méprisés, battus, soient par dessus le marché reconnaissants à
ceux qui essayent de déformer leur intelligence et de leur gâter
le cœur. Allons donc ! Toute la jeunesse de Colmar, élevée

comme moi dans un lycée allemand, en est sortie écœurée de leurs méthodes d'éducation. A Colmar, ville lettrée, nous avons eu pendant longtemps un collège de Jésuites, nous avons eu l'Académie Pfeffel, ce poète directeur d'une école militaire où toute la noblesse rhénane, wurtembergeoise, badoise, venait terminer son éducation. Le lycée de Colmar était, avant la guerre, renommé pour ses bonnes études. Aussi, quand nous voyons le peu que nous savons maintenant, après plusieurs années passées dans leurs classes allemandes, nous pleurons de rage, nous sentons que nous faisons fausse route, et qu'en nous privant de la culture française, on nous mutile l'esprit, on nous estropie moralement. Voilà pourquoi nous avons la dent dure.

« En classe, savez-vous ce qu'un professeur allemand nous disait?... « Les Alsaciens-Lorrains devraient habiter la campagne « et nous, les villes ». Telle était la solution élégante qu'il avait trouvée de la question d'Alsace-Lorraine. Comment voulez-vous que l'on s'entende avec de pareils cuistres ? »

Au porche de Saint-Martin, qui est la grande, la vieille église de Colmar, celle dont la tour égrène sur les toits familiaux les heures lentes et laborieuses, on voit, sculpté dans la pierre, l'un des nombreux miracles de saint Nicolas. C'est le miracle de Bari. Un pauvre marchand avait trois filles, pleines de vertus, mais sans dot, comme il arrive aux Italiennes de la Pouille et de la Calabre. Le bon saint Nicolas apparaît à la fenêtre et passe aux trois filles endormies des sacs d'écus. Plus loin on voit les trois jeunes filles en costume de voyage, avec leurs sacs et leurs bâtons, qui cheminent sur la grand'route à la recherche d'un mari. Quel chemin ont-elles pris? Chemin des Vosges ou chemin du Rhin, route d'Allemagne ou route de France. Je suis bien sûr que c'est la dernière.

.***.

On peut admirer au musée de Colmar les monstrueuses et magnifiques toiles du maître Grunewald où l'on voit des vierges et des anges d'une candeur inouïe à côté de diables couverts de plaies, d'ulcères et de lèpre. Nul n'a su rendre le vice plus répugnant et plus d'accord avec la parole de saint Louis sur le péché, lèpre de l'âme. Ces démons boursouflés qui tourmentent saint Antoine sont vraiment hideux. Quel génie âpre et réaliste avait donc Grunewald pour sonder avec tant de crudité les ignominies du corps humain ?

L'attrait de ces toiles dramatiques augmente si l'on songe qu'elles furent exécutées à l'hôpital d'Isenheim, où l'on soignait la lèpre. C'est sur la commande des *Antonites* et du prieur, un Italien, que Grunewald se mit au travail. Avec une exactitude toute médicale il ne nous épargne aucun détail, aucun abcès. Le corps blême, verdâtre et tuméfié du Christ en croix imite, paraît-il, les stigmates de la lèpre. Les mains crispées, les pieds déformés du Rédempteur devaient, dans l'esprit religieux du moyen âge, adoucir les tourments de ces misérables qui assistaient à l'écroulement de leurs membres.

Que faut-il admirer le plus ? L'artiste, qui de tant de laideurs sut tirer un chef-d'œuvre, ou l'admirable foi chrétienne, infiniment miséricordieuse, qui donnait à des malades, abandonnés de tous, des serviteurs et d'aussi merveilleuses consolations.

Le coloris de Grunewald est délicieux et fait songer aux tons dégradés de nos tapisseries de Reims. Ses blondes auréoles, la lumière d'or dont il baigne les visages divins, ses teintes exquises, admirablement fondues, les bleus et les roses qu'il excelle à mêler sur le manteau de la Vierge et les ailes des anges, l'atmosphère mystique dont il enveloppe ses personnages devaient impressionner un couvent qui n'avait sous les yeux que le spectacle de la douleur et des misères humaines. Ces fleurs, ces rochers, ces grottes où voltige un air bleu, transparent, ces horizons lombards que le prieur avait peut-être exigés, paradis de lumière, de douceur et de délicatesse, devaient enchanter les lépreux. C'est ainsi qu'ils entrevoyaient la terre promise et la fin de leurs maux. Et s'ils voulaient se divertir, la figure bestiale des diables leur montrait plus laids qu'eux. Ainsi l'imagination débordante, cocasse et saugrenue du peintre n'était peut-être qu'un moyen de faire la charité à de pauvres souffrants et de les ravir en extase en leur faisant oublier leur propre déchéance.

Mais dans cette peinture atroce on peut encore voir bien d'autres choses. Ce Christ livide, flagellé, ces plaies saignantes, ce grand corps moribond, cette tête lamentable sous la couronne d'épines, c'est l'image d'une grande douleur, d'une grande laideur et d'un sublime caché. L'Alsacien ne s'enthousiasme que pour une beauté qui s'immole et se sacrifie. Amoureux de grandeur morale, il discerne dans la vulgarité de la vie courante l'étincelle héroïque qui tout à coup rehausse une existence. Qu'importe que ce Christ soit affreux, pénible à regarder. Plus la souffrance l'abaisse, plus sa divinité éclate.

Illum oportet crescere, me autem minui, il faut que Celui-ci grandisse et que je m'humilie, dit un maigre saint Jean-Baptiste qui désigne de l'index le divin supplicié. Quelle belle devise alsacienne! Servir, donner son énergie, avec l'abnégation du soldat, fier de collaborer à une grande œuvre, c'est une règle de vie presque absolue en Alsace. Il n'est pas de bourgeois qui ne sacrifie une parcelle de son bien-être à des idées plus hautes que lui. C'est la noblesse de ce vieux pays. Les cœurs n'y sont pas amollis. On y préfère l'honneur à des avantages immédiats.

Les toiles de Grunewald nous émeuvent encore comme un

beau cri d'amour et de foi. Jamais peintre n'a compati avec plus de ferveur à l'agonie du Calvaire et l'on croirait entendre, avec cette Marie-Madeleine qui se pâme, blessée au cœur, la plainte déchirante de l'Alsace, le chant de ses longues misères.

MULHOUSE

Vous avez la force mais vous n'avez pas la
générosité

(*Paroles de Zorn de Bulach à un gouverneur d'Alsace-
Lorraine.*)

A Mulhouse les hommes vont à leurs affaires, les femmes ont
de graves soucis de ménage, les familles sont nombreuses.
Une expression sérieuse et concentrée domine les visages.
Sur les épaules des passants pèsent de lourdes responsabilités,
de grosses industries absorbantes et lucratives. On ne rit que
les jours de fête et le soir, la tâche accomplie.

Mulhouse, croit-on généralement, est une ville protestante.
Il est vrai que le haut patriciat qui a fait la richesse de la
cité appartient à la religion réformée. C'est à Mulhouse que
le journal *le Temps* compte le plus d'abonnés. Exilés de
Montbéliard, de Porrentruy, du Wurtemberg, les protestants
furent accueillis à bras ouverts par une ville où l'on apprécie
les hommes à leur énergie, à leur capacité de travail. Ils
ont constitué très vite une caste fermée, en possession de la
richesse, douée de cet esprit de suite, de cette volonté tenace
que l'on rencontre fréquemment dans les communautés sépa-
rées de la foule par des croyances particulières.

Chaque famille forme un petit monde où les individus se
connaissent, s'estiment et s'entr'aident. Joies et chagrins sont
mis en commun. On délibère à la table de famille sur les déci-

sions graves à prendre. Entre le père et le fils règne cette jolie camaraderie, cette confiance absolue, un des plus beaux ressorts de la vie. Les femmes sont tenues au courant des affaires. Il n'est pas rare, à la mort du chef, de voir sa veuve prendre la direction d'une grande industrie, en attendant que les fils soient en âge de supporter le fardeau. Si l'un fait de mauvaises affaires, des frères, des cousins lui viennent en aide. L'honneur du nom commande des sacrifices auxquels personne ne songe à se dérober.

A côté de ces tribus fermées, la masse des ouvriers est catholique ou socialiste ; ils ont l'une ou l'autre foi, mais ils en ont une, car en Alsace nul ne peut s'en passer. C'est à Mulhouse que les socialistes organisent de grands cortèges au son du clairon et leurs candidats sont élus en rappelant les victoires de la Révolution.

Mulhouse a la foi au travail. Les fils fins de filatures, les toiles imprimées, les charmantes mousselines de couleur aux grands dessins décoratifs sortent des ateliers mulhousiens. Un peuple de dessinateurs vit à l'ombre de ces grands métiers. Mulhouse a des écoles d'art industriel renommées. Ingénieux, opiniâtre, d'un tempérament violent et colérique, le Mulhousien veut réussir, il veut arracher à la fortune son bandeau. Combien en a-t-on vus qui sont partis sans un liard, une paire de chaussures au bout de leur bâton, et se sont enrichis à force d'application, de sérieux et parce qu'ils sont doués d'un rare esprit d'ordre et de méthode, du génie de l'invention et du perfectionnement mécanique ! Avec quelle intrépidité, après la guerre, quittant les ruines de leur foyer, ils ont transporté leur industrie à Troyes, à Reims, à Châlons, à Paris, à Nancy surtout dont ils ont décuplé l'importance ! Quelle bravoure ! Quelle confiance dans la vie ! Comme ils finissent toujours par s'implanter et par triompher du mauvais sort !

.·.

Dans les vieilles rues enfumées du vieux Mulhouse il fait bon se promener le soir, quand le jour baisse, quand les étalages s'animent, attirant une foule enjouée. Marchands de victuailles, modistes, bijoutiers, fourreurs, bottiers, gantiers rivalisent de lumières et d'appâts, et les ouvrières, sortant de la fabrique, s'arrêtent, échangent des coups de coude et des propos ébouriffés. La rue est gaie, vivante. Des commissionnaires se tiennent à l'angle des maisons. Ils portent la casquette française avec une bande de velours rouge. Ce sont des loustics bien amusants.

.·.

Le goût des arts s'est répandu à Mulhouse. Sans aller jusqu'à prétendre avec le professeur Knatchke, le type immortel du pédant allemand créé par Hansi, que c'est une ville italienne parce qu'elle possède des arcades et des fontaines, il faut reconnaître que l'école moderne alsacienne se juge bien à Mulhouse. C'est là, dans ce cadre qui leur convient, qu'il faut voir les Henner. Henner fut le peintre de la riche bourgeoisie mulhousienne dont il sut rendre le caractère hardi et plébéien. Les nudités d'Henner, nacrées, décentes sur leurs velours corrects, sont faites pour orner le salon d'un filateur. Ceci soit dit sans malice, car Henner est un admirable connaisseur du clair-obscur et peu de gens depuis le Corrège et Proudhon surent rendre comme lui la chair lumineuse. On dit que de fières beautés mulhousiennes ont daigné poser devant lui. Heureuses les villes qui possèdent de pareils trésors.

Beaucoup de tableaux patriotiques rappellent la guerre, les souffrances de l'annexion. Une toile célèbre représente le départ d'une famille alsacienne ayant opté pour la France. Elle est médiocre et cependant elle attendrit. Ces vieux Alsaciens, avec leur grand chapeau, leurs culottes courtes, debout sur le pas de leur porte et regardant passer, avec de grosses larmes, ceux qui s'en vont; la séparation déchirante; le courage du garçon qui pousse ses chevaux droit devant lui, à Dieu va! se disant qu'après tout la patrie n'est pas loin, où il trouvera un bout de terre et un morceau de ciel pour y refaire son existence, tous ces détails n'ont pas vieilli. Il faut exalter l'énergie de ceux qui sont restés, il faut surtout aller les voir. Mais n'oublions pas la force d'âme de ceux qui sont partis, qui ont tout abandonné, dans une crise de douleur, et se sont rejetés, comme des cigognes blessées, vers la patrie qui s'éloignait d'eux. Eux aussi ont maintenu à leur manière la tradition alsacienne. Aux Parisiens légers qui s'étonnaient de leurs vieilles armoires cirées, de leur Vierge strasbourgeoise, de leurs assiettes à fleurs, de leurs pots de grès, de leurs étains, de tout ce luxe intime et patriarcal qu'ils transportaient avec leurs pénates, ils ont appris à aimer l'Alsace, à discerner sa finesse, à respecter sa grandeur.

Il y a au musée de Mulhouse un Gustave Doré bien émouvant. On y voit, sous un jour triste, le long d'un mur de quartier pauvre, un déménagement précipité de soldats éclopés, de femmes en haillons, d'enfants amaigris, des charrettes où l'on traîne des blessés, une fuite sous les obus. Cela est intitulé : *la Rue Campagne-Première*. C'est un souvenir du siège. L'artiste alsacien, ce jour-là, avait vu juste, car il est un point où Paris et l'Alsace se rencontrent, c'est dans le goût de la résistance. Poussé au désespoir, comme il l'était pendant le siège, le Parisien est capable de grands sacrifices. Paris, après Strasbourg et Belfort, est la ville française qui se soit le mieux défendue en 1870.

Mais toutes ces toiles valent-elles, pour l'évocation d'une époque, cette délicieuse robe Empire, miracle de goût et de simplicité, blanche mousseline tombant à plis droits, ceinture vert et or, telle qu'on imagine une beauté mulhousienne à l'un de ces bals où brillaient les généraux dont l'Alsace était fière?

Quelle époque inouïe, quel souffle d'épopée traversait alors ce pays, d'ordinaire pacifique et tout à son travail! Un cœur battait sous la petite robe blanche, pour quel galant hussard, quel preneur de villes? La robe est à peine chiffonnée. La beauté des femmes passait comme un éclair dans la vie des héros. La gloire les appelait, ils volaient vers d'autres bals, ceux où chante la poudre. A ceux-là l'Alsace était toujours invitée.

Du beau musée de Mulhouse il faut surtout retenir la chambre des costumes, des bonnets et des bijoux. C'est là que l'on voit quel luxe, quelle opulence ont régné dans cette ville laborieuse. Les bonnets pailletés d'or, brodés de perles, ne se portent plus. Comme une mariée devait être jolie sous ce capuchon vermeil! On suivait alors les modes italiennes. Venise et la Lombardie donnaient le ton.

Quelle était donc cette jeune Mulhousienne qui traversait d'un pas si décidé les rues noires de sa ville natale? A quelle illustre tribu appartenait-elle? A quel foyer bourgeois, patricien, avait-elle puisé sa grâce conquérante? Comme elle allait, quelle vivacité, quel entrain! En même temps quelle douce réserve, quelle charmante distinction! Je suis bien sûr que ce sont ses aïeux que j'ai rencontrés au musée de Mulhouse en perruques et en justaucorps et que sa grand'mère a dansé devant l'Empereur en robe d'indienne ou de mousseline. Un si joli visage doit avoir de lointaines origines.

Ces vieilles familles nous expliquent toute la prospérité de

Mulhouse : les cadres sont solides, ils durent. Depuis des siècles, les mêmes paraiges, de temps en temps renouvelés par une alliance étrangère, engendrent des lignées d'hommes sérieux, studieux, nés sous le signe de Mercure et qui ont amené les affaires de la république au degré de splendeur où elles sont aujourd'hui.

Car c'est bien une république à la romaine, avec ses *gentes* étroitement fermées, son culte du foyer, son patriotisme municipal. Les créateurs de l'industrie mulhousienne nous rappellent les personnages du *De Viris* et de *Plutarque*. C'étaient avant tout des travailleurs, des audacieux, d'infatigables chercheurs, des violents qui aimaient la richesse pour l'indépendance qu'elle procure. Ils ne se sont jamais reposés, ils ont goûté les joies de l'orgueil et ils s'endorment, très vieux, entourés d'une couronne de petits-enfants et laissant des fils aguerris, initiés aux affaires, qui leur succèdent et agrandissent encore leur industrie.

Voilà pourquoi les jeunes Mulhousiennes sont si alertes, si vives et d'une rapidité de mouvements où l'on sent la beauté de la race.

L'HUMOUR ALSACIEN
SOUS LES VERROUS

L'Empire allemand possédera ees territoires à
perpétuité, en toute souveraineté et propriété.
(*Traité de Francfort*, 1871.)

LE PROCÈS GNEISSE-HANSI

Colmar, la ville bourgeoise et tranquille, était bien animée
le matin du 14 juillet 1909. Un mouvement inaccoutumé, une
perturbation régnait dans l'étroite rue des Augustins, d'ordinaire si éteinte, entre les fenêtres grillées de la prison et la
porte du tribunal, où deux agents en uniforme faisaient bonne
garde, ne laissant pénétrer dans le prétoire que les personnes
munies d'un billet rouge. D'apparence si flegmatique que soit le
tempérament alsacien, les figures, ce jour-là, trahissaient une
certaine émotion. Les passants s'abordaient avec un regard
brillant. On lisait sur tous les visages de l'anxiété, de la
moquerie et une vague impatience. Autour des chasseurs verts,
dont les clarinettes et les trombones soupiraient langoureuse-
ment, vers midi, sur le marché aux Fruits, l'attroupement était
insignifiant ; le spectacle était ailleurs. Les bandes d'écolières
qui rentraient déjeuner d'un pas léger, faisaient, sur leur
parcours habituel, un crochet pour dévisager les croisées du
bâtiment où se passait le grand événement de la journée. Des
têtes blondes se penchaient sous de vieux balustres sculptés

de la Renaissance. Tout le monde, en ville, semblait attentif, en suspens. Les uns demandaient des nouvelles, les autres hochaient la tête d'un air inquiet. Les allées de la foire étaient désertes. Rapp levait son grand sabre vers le ciel; Bruat, rêveur, méditait sous les allées de la promenade, mais personne ne songeait à leur gloire lointaine. Tous les esprits semblaient tournés, tous les regards concentrés sur le tribunal de première instance où notre ami Hansi répondait, devant cinq juges triés sur le volet, d'une caricature où M. Gneisse, directeur du lycée de Colmar, s'était reconnu, et les vieux Colmariens se demandaient avec appréhension s'il en serait de Hansi comme de Zislin, et si l'auteur des *Vogesenbilder* et de *Haut Kœnigsbourg*, coupable d'avoir eu trop d'esprit, irait faire la connaissance des rats de prison et de la boule de son. Déjà des cœurs compatissants songeaient à lui envoyer des cigarettes, dissimulées dans des petits pains, et un service de tablettes de chocolat devait être organisé à travers les grilles de son cachot. Voilà pourquoi Colmar était, ce matin-là, dans un tel remue-ménage. Un de ses meilleurs enfants, un endiablé qui manie le crayon comme un stylet, un portraitiste trop fidèle, un observateur trop clairvoyant passait en justice. Un professeur féru de son importance le traînait à la barre pour avoir trop fidèlement copié son profil triste.

Qui ne connaît Hansi et son humour de pince-sans-rire? Le vieux génie colmarien, profondément réaliste (voyez Grünewald), a produit cet esprit malin, cet artiste incisif, infiniment sensible et souffrant des laideurs qui l'entourent. Pourquoi s'est-il mis en tête, au lieu de peindre des fleurs, de caricaturer d'une plume alerte et méphistophélique le touriste allemand, le pédagogue allemand, le restaurateur de châteaux allemands, le gardien de musée allemand, la jeune fille allemande et le professeur Knatschke de Kœnigsberg? C'est que

tous ces nouveaux venus, au lieu de s'adapter au paysage alsacien, y font tache, y apportent des usages, des modes, une
raideur et une angulosité désagréables et voulues. Leurs
silhouettes cocasses défilent devant l'humoriste qui ne peut
s'y soustraire. Il peint ce qu'il voit, des lunettes d'or, des
chapeaux verts, des souliers à clous et des redingotes du « bon
faiseur » de Magdebourg. Ces drôleries l'amusent, et tout à
coup le voilà promu satirique ; on l'accuse d'outrager les fonctionnaires de l'empereur, il est poursuivi, soupçonné des plus
noires intentions ; c'est un ennemi des lois, un conspirateur ;
il outrage les saints ; c'est un blasphémateur ; il faut lui percer
la langue. En réalité Hansi est innocent de tous ces crimes,
il est simplement l'artiste qui voit juste : rien n'échappe à son
œil sarcastique. Est-ce sa faute s'il n'est point né aveugle,
sourd et muet et sera-t-il désormais défendu de rire en
Allemagne?

Non, tant qu'il y aura des professeurs Gneisse, la gaieté ne
mourra pas. On en avait bien le sentiment dans les rues de
Colmar, le soir du procès. Quel magnifique 14 juillet! Hansi,
qui venait de s'asseoir sur le banc d'infamie, ne s'en portait
pas plus mal. Mille poignées de main l'attendaient à la sortie
de l'audience. On s'informait des détails du procès et les discours du professeur Gneisse excitaient une énorme hilarité.
Déjà les camelots les colportaient dans les rues avec d'immenses pancartes : le procès Gneisse-Hansi. Dans les brasseries et sous chaque toit familial les conversations allaient leur
train. Qui perd gagne. Les 500 marks de Hansi ne lui coûte-
ront rien : il en retirera seulement un peu plus de popularité
et la satisfaction intime d'avoir gravé en traits ineffaçables le
sentiment vif et narquois de l'Alsacien pour ses maîtres. Il
n'est pas de plus grande joie pour l'artiste que d'exprimer la
voix du peuple.

LE PROCÈS ZISLIN

A Mulhouse, ancienne république indépendante, les gens ont l'âme libre, ils aiment leur franc-parler. Mulhouse s'est donnée à la France pendant la Révolution. La grande cité industrielle ne s'est jamais consolée de l'annexion.

A Mulhouse, comme dans toutes les villes d'Alsace-Lorraine, il existe encore de vieux quartiers, témoins du passé, abris des cœurs fidèles. Dans leurs ruelles sombres on parle ouvertement la langue détestée des vainqueurs, le français.

Dans l'une de ces humbles demeures un enfant a grandi, voyant tous les jours ce que souffraient ses compatriotes. Arrivé à l'âge d'homme, il prend un crayon et dessine, avec des légendes moqueuses, ceux dont l'Alsace plaisante les ridicules. Ce caricaturiste, c'est Zislin. Pour avoir eu la vue trop perçante il comparaît devant le tribunal correctionnel le vendredi 16 décembre 1910 et se voit condamner à deux mois de prison.

J'ai constaté dans Mulhouse quelle émotion soulevait l'apparition du journal de Zislin : *Dur's Elsass*. C'est le vendredi que cet événement se produit. Des porteurs silencieux passent en courant à travers les rues, les passants leur font un signe, ils s'arrêtent et distribuent les feuilles coloriées, couvertes de spirituels dessins, qui vont réjouir la table de famille, soulever des éclats de rire.

Un homme qui fournit ainsi des occasions de s'amuser à ses

concitoyens est dangereux pour l'État ; c'est un péril national. Il est tout naturel que les pangermanistes, qui veillent à ce quon ne rie pas en Alsace, l'aient signalé à la justice. Zislin expie le crime d'avoir eu trop d'esprit dans un pays où tous les pédagogues d'outre-Rhin s'efforcent d'en dissiper la graine.

Examinons ses méfaits et pourquoi il est sur la sellette.

Zislin est coupable d'avoir, le 14 juillet dernier, publié un numéro de *Dur's Elsass* où l'on voyait un troupier français embrassé sur les deux joues par une Alsacienne et une Lorraine ; cette scène scandaleuse se passait dans une auréole tricolore.

Zislin est coupable d'avoir figuré l'Alsace-Lorraine dans un jardin entouré de murs, triste comme le préau d'une prison. Dans ce jardin, il ne pousse plus rien. Le soleil se lève par-dessus le mur, éclairant quelques champignons moqueurs. Ce soleil s'appelle culture française et les malheureux pangermanistes sont occupés à rafistoler le mur, afin qu'aucun rayon ne filtre dans le jardin. Drôles de jardiniers, dit l'image. Lèse-patrie, répond la justice.

Zislin est coupable d'avoir, à plusieurs reprises, représenté la Germanie sous les traits d'une grosse dame sans charme et sans élégance.

Zislin est coupable d'avoir dénaturé la physionomie des touristes allemands qui parcourent l'Alsace et de leur avoir prêté des visages ahuris ou désagréables, des yeux féroces et des manières peu ragoûtantes, comme de se brosser les cheveux à table en se regardant dans un miroir ou de se curer les dents avec d'affreuses grimaces.

Zislin est coupable de sympathies manifestes pour la France, soit qu'il fasse défiler devant le monument de Wissembourg, gardé par un grenadier de Napoléon et un Alsacien en sabots, une horde de pangermanistes en fureur, soit qu'il dresse sur la crête des Vosges une famille alsacienne saluant le drapeau français.

Zislin est coupable d'avoir montré un factionnaire allemand poussant le cri d'alarme et faisant braquer les canons d'un fort contre une innocente libellule qui se promène dans le ciel.

Zislin est coupable enfin d'avoir ridiculisé les vétérans allemands et leur patriotisme bruyant, les duellistes allemands et leurs balafres achetées sans périls.

Pour ses dessins malicieux, pour son texte qui ne l'est pas moins, Zislin sera condamné. Il sera mis au régime des criminels de droit commun ; il sciera du bois et fabriquera des chaussons de lisière en compagnie des malfaiteurs.

Parisiens qui, aux approches de la Noël, passez de plaisirs en fêtes, songez au brave Alsacien sur qui les portes de la prison se refermeront demain ; songez à ses parents, bons artisans de Mulhouse qui n'ont jamais eu dans leur sang ni coquin ni voleur, obligés de subir l'affront de voir leur fils, avec les menottes aux mains, traverser le prétoire et disparaître de leur vie pour de longues semaines. Songez qu'en 1908 Zislin a déjà enduré, pour le même crime, huit mois d'incarcération. Pauvres gens pour qui le réveillon ne sera pas bien gai ! Que, du moins, l'Alsace héroïque, qui fait tout son devoir, sache que la France a les yeux fixés sur elle !

L'ABBÉ WETTERLÉ

Une figure de marin, rasée, affinée, prête à affronter les vents; une lèvre supérieure un peu gonflée et palpitante pour quelque malice; des yeux tristes ou moqueurs dans lesquels passent avec rapidité toutes les nuances de l'émotion; un front de lutteur imperturbable; de larges épaules carrées; le buste petit et ramassé; un corps nerveux, agile; une belle voix grave, sonore, maîtresse d'elle-même, sachant captiver l'auditoire. La sympathie va droit à ce vaillant qui porte sur toute sa personne le signe de l'activité et du courage.

Voilà plus de vingt ans qu'il est sur la brèche. Il dirigeait jadis, seul, une petite feuille hebdomadaire, le *Journal de Colmar*, où, avec sa verve habituelle, il rompait des lances, en français bien entendu, pour la plus grande joie de quatre cents abonnés. Depuis, le petit journaliste a fait bien des progrès. Il est député au Reichstag, où il oblige une majorité hostile à écouter les revendications et le langage humoristique des Alsaciens. Il est l'un des orateurs populaires les plus écoutés de l'Alsace, de ceux qui savent soulever les colères et les apaiser d'un bon mot. Il a réalisé l'accord si difficile entre les catholiques, les protestants et les démocrates, si bien que désormais Blumenthal, Preiss et Wetterlé, les trois fractions de l'opinion alsacienne, forment un triumvirat uni, puissant, indissoluble. L'Alsace n'a plus qu'une opinion, un cri de ralliement : l'intérêt national. La nécessité commandait ce rapprochement, mais l'habileté diplomatique d'un Wetterlé n'y fut pas étrangère. Il a constitué de ses deniers et avec l'aide de ses amis un journal quotidien, le *Nouvelliste d'Alsace-Lorraine*, qui marche à merveille, qui combat pour l'Alsace et dans lequel on sent passer, de la première à la dernière ligne, ce souffle vivifiant, si rare dans la presse actuelle et qu'on ne retrouve que dans les pays opprimés où la pensée doit aiguiser sa pointe. L'abbé, en ce genre, est un fleurettiste de premier ordre. Levé avant l'aurore, il arpente d'un pas militaire son cabinet de travail : c'est le quartier-maître sur le pont; il fume une dizaine de cigarettes, se lève, se rassied, puis, penché sur sa table, il se met à écrire nerveusement des pages d'une fine écriture régulière et sans rature. Il couvre ainsi tous les matins, sans débrider, ses six cents lignes dont chacune, comme une flèche bien lancée, va droit au but. Quel journaliste serait capable de fournir une tâche aussi considérable, aussi ingrate, sans aucune des satisfactions d'amour-propre où les nôtres se rattrapent? Et d'où vient que ce petit homme indomptable, jamais abattu, poursuit tranquillement sa besogne de brave Alsacien et de bon patriote? C'est que l'existence du journaliste, quand il vit sous la menace continuelle de l'amende et de la prison, quand il devient le porte-parole de sa nation, le rehausse et le grandit d'un singulier éclat. Il n'est plus le chroniqueur en quête d'un sujet, le bavard avec lequel on passe volontiers un quart d'heure; il devient le chef, le capitaine, le porte-enseigne d'une province; il exprime tout haut, à ses risques et périls, ce que d'autres pensent tout bas; il est à la fois l'étendard qui entraîne les troupes et le point de mire de l'adversaire.

L'abbé supporte ce rôle très gaillardement et sans en tirer la moindre gloriole. Il n'est pas d'homme qui, dans l'intimité, soit plus simple et plus affable. Il est bien trop ému lui-même par les phases du combat, trop frémissant des coups qu'il donne et qu'il reçoit pour songer un instant à la noblesse de l'emploi qu'il tient. Ne lui demandez pas pourquoi il se jette dans la mêlée. Cela est plus fort que lui, et comme il y a des hommes qui ont peur des coups, il y en a d'autres qui les recherchent. N'allez pas croire pourtant qu'il coure les moulins à vent. L'Alsacien positif ne se paye pas de chimères ; il sait qu'en luttant pour son indépendance, c'est son bien-être et sa tranquillité future qu'il affermit. L'influence politique de l'abbé Wetterlé vient de ce qu'il a toujours senti battre le cœur de l'Alsace à l'unisson du sien.

Cet accord suppose beaucoup d'intelligence, d'esprit de finesse et de cœur. De tant de polémiques, de joutes oratoires et de duels de plume, de tant d'argumentations solides et de fusées brillantes que restera-t-il ? Le souvenir d'une belle et noble lutte qui datera dans le réveil d'un peuple. L'abbé Wetterlé est populaire en France depuis les deux mois de prison qu'il a faits pour avoir défendu la culture et la langue françaises en Alsace. A Colmar, quand l'abbé traverse les rues, j'ai vu tous les enfants se découvrir en le saluant. Sa vieille mère, qui l'embrassait avec joie le soir de sa libération, peut être fière de lui : car il est de la bonne race, de celle qui risque pour ses idées et dont il est plus difficile de bâillonner la voix que de gagner l'affection ; il appartient au fond généreux de cette ironique Alsace qui, dans le siècle de l'or et de la force, reste fidèle à l'esprit de sacrifice, à l'amour de la liberté, à la vivacité, à l'esprit français.

DEUX ESTHÉTIQUES

« Monseigneur, il entre dans notre système de
laisser dans une ville assiégée tous les éléments
de faiblesse qui, à un moment, peuvent nous la
livrer. »

(*Réponse du général de Werder à l'évêque de Strasbourg
qui le priait de laisser sortir de Strasbourg assiégé les
femmes et les enfants.*)

Où les Allemands et les Français diffèrent le plus, c'est dans
leur manière d'envisager la question féminine. Tout jeune
Français caresse un rêve tendre, recherche la conquête d'une
femme, souffre, se désespère pour une tête blonde ou brune
et, s'il possède un si charmant trésor, il l'aime jalousement, il
le garde. Les femmes de France, accoutumées à se voir l'objet
de désirs et d'assiduités, exercent leur règne, stimulent l'énergie des hommes et leur font faire de grandes choses. Elles rivalisent entre elles de coquetterie et de grâce pour conserver leur
domination. Ainsi l'art en profite et il ne serait guère populaire
en France s'il ne s'inspirait du charme féminin.

En Allemagne, c'est autre chose. Le jeune Allemand de
vingt ans sait qu'il n'aura comme conquêtes féminines que l'embarras du choix. C'est lui que l'on désire et les jeunes filles
rêvent de lui, il en est sûr, il en est insupportable. Ce qui distingue une comédie, un roman allemand d'une pièce ou d'une
intrigue française, c'est qu'en Allemagne trois femmes font la

cour à un homme, tandis qu'en France trois hommes se disputent la même femme.

Une manie allemande est de se fiancer. Mais ces fiançailles qui durent un an, deux ans, trois ans, agrémentées de fréquentes promenades à la campagne, en bicyclette, peuvent très bien n'avoir aucune suite. La jeune fille n'en éprouve aucune gêne. Elle se refiance sans difficulté. L'Allemand ne connaît pas la jalousie rétrospective.

Un jeune homme qui veut être reçu à son examen de stagiaire à la Cour d'appel se fiance avec la fille d'un juge, quitte à se défiancer après.

Un officier sans fortune, en garnison dans une petite ville, se fiance. Il aura le thé, les gâteaux, le dîner du dimanche assurés, les cigarettes même.

La vie de régiment est si coûteuse, les paniers de fleurs si dispendieux. La femme du commandant part en voyage : panier de fleurs, conduite à la gare ; la femme du capitaine revient de voyage : la maison est parée de fleurs par les lieutenants, les cadeaux pleuvent. Cadeaux le jour de fête, cadeaux le jour de naissance de la femme du capitaine, du commandant, du colonel. Souvent des officiers quittent la ville, laissant plus de mille marks de dettes chez le fleuriste.

Quand un jeune officier, ayant quelque fortune, un nom, un physique agréable, débarque dans une garnison, les familles jettent leur dévolu sur lui. On pratique des travaux d'approche. Il est invité partout. Les filles à sa vue pâlissent d'envie et de tristesse. L'une désirait vivement épouser un lieutenant. Le jour de Noël, tout à coup les rideaux du salon s'entr'ouvrent : devant l'arbre illuminé, on aperçoit le jeune et beau lieutenant, en uniforme, et la fille de la maison se précipite dans ses bras. Sa famille le lui offrait.

Les jeunes Allemandes, la plupart sans dot, sont d'une naïveté

amoureuse que rien ne peut instruire. Mariées, elles cessent
d'être romanesques. Mais, jeunes filles, elles ne se gardent pas
avec la fierté ombrageuse des nôtres qui se réservent.

Servante d'amour plutôt que reine, la femme allemande n'inspire pas exclusivement les artistes. L'homme leur sert plus souvent de modèle. Dans une exposition on voit plus d'athlètes et
d'éphèbes que de beautés féminines. Le masculin fait prime en
Allemagne et ils nous traitent d'efféminés. Ils ne comprennent
pas que dans le rôle que nous laissons jouer aux femmes dans
notre société, il y a de la chevalerie, le respect de la faiblesse,
le plaisir d'adorer ce que l'on pourrait briser et le sentiment
que la vie est sans charme et ne vaut pas la peine d'être vécue,
si la brutalité seule y fait loi.

DANS LES VOSGES

Tu m'aimais,
Je sais cela ;
Tu ne m'aimes plus,
Je sais cela.
Mais l'oubli, l'oubli,
Je ne sais pas encore cela.
(*Chanson alsacienne.*)

Les demoiselles du Vert-Pairis remontent la côte du val d'Orbey, regagnant leur logis. Le Vert-Pairis est un des nombreux hameaux de la commune d'Orbey, qui s'étend sur plusieurs milliers d'hectares, a trois églises, sept maisons d'école et une multitude de fermes échelonnées sur la montagne, jusqu'aux sapinières et jusqu'aux Hautes-Chaumes. Ces demoiselles sont allées à Colmar faire leurs emplettes et les voilà, bien fatiguées, chargées de paquets, grimpant, le jarret solide, les petits sentiers de montagne qui conduisent à leur habitation.

La fraîcheur du soir, le bruit fin des cascades, le murmure des eaux vives leur arrivent du fond de la vallée, déjà tapissée de brumes, comme un chant ininterrompu et lointain. Dans les prés on rassemble les petites vaches blanches et brunes, bien râblées, habituées à galoper sur un terrain périlleux, et le jeune taureau qui frotte son encolure sur l'écorce des cerisiers ; un parfum de mousse, de bruyère, de myrtilles, d'aiguilles de pin s'épanouit dans l'air humide. On voit descendre des hautes crêtes des hommes chargés de branchages et de feuilles mortes, litières d'hiver pour les troupeaux, et de grandes filles, aux reins solides, ployant sous des charges de foin. Des chars, traînés par des bœufs, dévalent par des chemins impossibles. Il fait doux respirer dans cette rusticité et ce calme. Les voyageuses, excédées par une journée passée en ville, écoutent avec bonheur les cloches qui peuplent la montagne, les ruisselets qui chuchotent dans les prairies, le petit torrent qui bondit sur la roche et les cailloux blancs, fait tourner les roues du moulin, écume, clapote sur les vannes et donne une âme à cette belle vallée, assoupie dans ses voiles.

Relevant leurs jupes noires que la poussière pourrait salir, les demoiselles du Vert-Pairis songent aux travaux du lendemain, au bétail à soigner, aux fromages à confectionner. Quel ouvrage ! Nous sommes encore dans la belle saison et les acheteurs abondent chez leur père, grand fermier de là-haut, propriétaire d'un magnifique troupeau, l'un des plus riches fromagers de la contrée. Il est écrit sur leur porte d'entrée : *Kœse en gros.* Ces messieurs de Colmar, de Strasbourg et même de Francfort se dérangent et viennent leur acheter sur place le produit de leurs vaches. C'est un beau métier d'élever des bêtes dans le val d'Orbey. L'herbe, grasse et luisante, repousse sans cesse sous les ondées que le sommet des Vosges semble attirer. La vie des femmes s'écoule à garder les bestiaux sous le grand capuchon de laine quand il pleut, en tricotant des bas ou en lisant un livre si le ciel s'éclaire. Les journées vont vite, la vue est immense : il se passe toujours quelque chose de nouveau à l'horizon dans cette campagne peuplée à l'infini. C'est le colporteur qui va de ferme en ferme, apportant de menus objets de mercerie, des épices, de la charcuterie et des nouvelles. C'est le facteur avec ses lettres, plus rares que l'oiseau bleu. Y a-t-il d'ailleurs plus beau pays que ces larges vallées qui se rejoignent avec tant de noblesse et sont toutes dominées par les fortes cimes des Vosges, par une couronne de forêts sombres où dorment des lacs mystérieux?

La pauvreté est presque inconnue dans ce coin de terre admirablement cultivé. Chacun a sa maison en pierre de taille, son jardin et son pâturage. Opiniâtres, économes, ces Vosgiens amassent lentement une fortune qu'ils ne dépensent pas. Orbey, industriel, avec ses filatures et ses tissages, n'est pas une ville de coquetterie ni de prodigalité. Il suffit de voir les chapeaux de paille noire à la messe, la simplicité des robes, l'aspect fruste de ce peuple campagnard, dur au travail, volontaire, sérieux, religieux, tenace, mais qui sacrifie peu à l'élégance.

La poésie des Vosges est intime et cachée; ne demandons pas à ces travailleurs, six mois de l'année retranchés du monde dans leurs montagnes neigeuses, des raffinements de toilette ni de langage. Mais écoutons, quand même, la gaieté qui chante dans tous leurs propos. C'est une race endurante qui veut se tenir en joie et se divertir avec philosophie et sans méchanceté du cours des événements et des travers des hommes. Ces filles au teint fleuri aiment rire et plaisanter, manier l'ironie à la façon celtique, pour cacher leur émotion, prendre une attitude et guetter le moment d'agir. Il y a beaucoup de douceur à vivre dans un petit village vosgien au milieu d'une population aussi enjouée.

Dans les beaux jours de l'arrière-saison, quand on rentre les regains et qu'on gaule les noix, quand, sur les peupliers décolorés, le soleil se pose avec plus de légèreté et d'abandon, quand la lisière des sapins fait une ombre de velours sur le feutre des prairies, quand les érables et les hêtres, touchés par l'automne, jettent des taches blondes dans le bronze des forêts, quand les vols triangulaires d'oiseaux sauvages commencent à parcourir le ciel, c'est le beau moment où les Vosges chatoyantes, ruisselantes de soleil et d'or, prennent leur robe de féerie et quittent leur gravité. Alors, une allégresse se répand à travers les vallées. Les gros travaux de l'automne sont terminés. On jouit hâtivement des derniers beaux jours. C'est la saison des noces et des festins. Sur les mauvais chemins de la montagne roulent des carrioles rustiques qui transportent des Gaulois partis pour la gloire, oubliant toute prudence, et résolus à s'amuser avec autant de frénésie qu'ils ont toute l'année rudement peiné, courbés sur leur ouvrage. Revanche mystérieuse du sang celtique qui consent à se discipliner mais n'oublie pas qu'il coule, ardent, toujours prêt aux grands tumultes. Alors on ne voit plus, se rendant vers les églises, que cortèges de baptême ou d'épousées : les pistons et les flûtes chantent dans les auberges : les couples de valseurs tournent éperdument ; les vieilles femmes elles-mêmes se mettent à danser ; les Vosges se grisent de vin d'Alsace, de Bourgogne, de mouvement et de plaisanteries et, dans la nuit, quand les dormeurs regagnent leur logis, on entend, lancées par des voix sonores, des recommandations joviales, des rires et des chansons. Ces jours-là le gendarme allemand fait mieux de rester chez lui.

Bientôt les longues soirées, les veillées commenceront. Bloquées par la neige et le verglas, les familles de la montagne ne communiqueront plus que par de petits sentiers d'hermine. L'isolement, la solitude engourdiront les âmes. Les vieux almanachs sortiront de l'armoire. On cuira sous la cendre des châtaignes et des pommes. Les hommes désœuvrés se feront charrons ou menuisiers, répareront le toit du grenier ; quelques-uns tricoteront des bas. Si le vent ne souffle pas, si la nuit est de cristal et de diamant, ils iront goûter le kirsch

du voisin, parler de leurs récoltes, des fromages qui sèchent
sur les claies, des bêtes qui ruminent à l'étable. Les vieilles
femmes, près du foyer, feront des contes, des contes bleus,
où il sera toujours question de sorcellerie et d'amour. Ils
s'en retourneront chez eux dans la tourmente à la lueur d'une
petite lanterne qui vacille, et les garçons, dans la nuit, imi-
teront le cri du loup pour faire peur aux filles. Mais tous,
languissants, tristes, renfrognés, passant leurs journées dans
de longues rêveries, attendent avec impatience le premier
rayon d'avril qui déprisonnera les ruisseaux, fondra neige et
glaçons, rendra vie et liberté aux bêtes, aux gens, aux feuilles,
aux herbes, aux cœurs mélancoliques, et sonnera l'heure du
retour aux champs, du labeur, de l'amour et des longues espé-
rances.

.·.

Les flancs du ballon d'Alsace, avec leurs grands arbres
isolés dans les prés, sous lesquels les faneurs trouvent un
refuge aux heures chaudes, ont une douceur romantique
toute spéciale et qui fait songer à Gustave Doré. Le désordre
du paysage où réside cependant une secrète harmonie, les
touffes formées par la verdure des chênes, l'émail éclatant des
gazons sur lesquels se promènent des troupeaux gras et bien
nourris, le cadre austère des sapins, les fermes blanches épar-
pillées sur la montagne, la sévérité des horizons et la grâce
de ce pays humide, feutré, moussu, emperlé de rosée et d'une
fraîcheur extraordinaire vous remplit d'aise, si vous aimez
dans la nature la force et la vigueur. Les artistes romantiques,
si amoureux de nos feuillages gaulois, de nos forêts, de nos
sous-bois, se seraient-ils trompés ? On le croirait à voir la
défaveur qui les atteint et le renouveau de popularité que la
mode vient tout à coup de redonner aux paysages classiques.

J'ai vu l'Hymette et n'en dirai aucun mal. La plaisanterie est trop facile. Un bloc de marbre d'un aussi beau contour et doré par le soleil de la Grèce pouvait se passer d'arbres et de parure. Mais nos fourrés, nos mousses et nos cascades, nos ruisseaux jaseurs sous des arceaux d'épines, nos gouffres de granit sur lesquels l'orage a couché des sapins échevelés, nos belles eaux jaillissantes ne méritent-elles pas, elles aussi, un regard ?

J'admire ces gens tout d'une pièce qui n'aiment que la Sicile ou Versailles. Pour moi, qui ne suis point si policé, j'avoue que les sommets des Vosges, avec leur chaume épais, matelassé, comme un tapis de laine aux plis lourds jeté sur l'ossature de la montagne, avec les reflets argentés et les ombres moirées de leur herbe courte et serrée, avec leurs vallées bleues et l'horizon du Rhin, éternel mirage, avec les hêtres et les sapins qui montent vers le ciel comme les colonnes d'un temple avec leurs fougères, leurs bruyères, et ces fleurs de montagne d'une délicatesse exquise, ces effets de brume et de rosée qui scintillent sur le poil des vaches et donnent au plus petit brin d'herbe la valeur d'un joyau, avec l'infinie variété des teintes de la forêt, depuis le noir bleuté des sapins jusqu'à la blonde couleur des érables touchés par l'automne, j'avoue que cette nature un peu sauvage, mais tout de même ordonnée, à la façon des mystiques, me paraît mériter le culte dont nos aïeux l'entouraient.

Pèlerin fidèle, je reviens au Donon, au ballon d'Alsace, au rocher de Dabo, à tous nos sanctuaires celtiques. L'air léger qu'on respire sur les crêtes m'enchante. L'âcre senteur des myrtilles me fait plaisir. Rien de ravissant comme ces petits sentiers feutrés d'aiguilles rousses qui serpentent le long des torrents dans une poussière de diamant. Sur les gradins polis de nos paliers de roche l'eau vivante murmure de belles choses graves. Elle invite à l'effort. Un monde de gloire dort sous la voûte de nos forêts. Si la vie grecque est une admirable façade, un fronton héroïque, la vie de mon pays a des trésors cachés, des intimités, des recueillements, des rêveries, des beautés mystiques dont un cœur de chez nous ne se lasse jamais.

SAINTE-ODILE

On s'étonne que les moines, les couvents choisissent de beaux endroits où rêver : c'est qu'il faut d'abord un arrêt dans la vie.

Charles Demange.

Au mont Sainte-Odile l'Alsace vient prier. Je ne sais rien de plus émouvant que l'arrivée de ces bandes de pèlerins, modestes voyageurs, partis de quelque village de la plaine, qui montent le matin, à travers les nuées flottantes, jusqu'au sommet d'où ils découvrent un large morceau de la patrie. Les femmes, qu'un sacristain conduit à la chapelle des Larmes, s'agenouillent sur l'empreinte des genoux de sainte Odile. Elles s'attendrissent où la sainte a si souvent pleuré devant le tombeau de ses parents. Le paysage immuable des Vosges, les sapins et les pins qui, en automne, mêlent leur verdure éternelle aux teintes bronzées, cuivrées, mourantes des chênes et des châtaigniers, l'abîme toujours voilé de bleu réveille chez tout bon Alsacien des émotions primitives et délicieuses. Sur ces pierres que la sainte a touchées, il retrouve la foi de l'Alsace, la confiance, l'espoir impérissable. Les villes d'Alsace ont de riches sanctuaires, des églises du moyen âge où l'âme pourrait aussi bien se recueillir. Mais sur cet étroit plateau tant de souvenirs se pressent, plus anciens même que la chapelle, tant de résistances se sont réfugiées quand la montagne servait d'abri aux Celtes, de camp aux Gallo-Romains, de piédestal aux seigneurs, d'oratoire aux abbesses, que toute l'histoire de l'Alsace vibre obscurément à l'oreille du pèlerin et donne à sa prière un accent plus intime et plus persuasif.

Le site est tellement beau! Comme les plis d'un manteau sombre, les bois tombent des cimes jusqu'au fond des vallées, ne laissant dans l'étoffe somptueuse que de rares clairières, des éclaircies de prairies où s'élève la tour d'un prieuré, une maison forestière, la ruine d'un château planté sur un éperon et surveillant la plaine.

La noirceur impénétrable de ces grandes forêts impressionne. Elles sont très silencieuses. Quelques gelinottes, des coqs de bruyère s'envolent parfois sur votre passage, un chevreuil bondit sur les roches. Puis le silence retombe sur les aiguilles des pins et sur le front des hêtres. Tantôt c'est la cognée d'un bûcheron qui résonne, ébranlant un vallon ; c'est un pic qui taquine le tronc d'un gros sapin ; tantôt c'est le murmure exquis, bruissant comme la rumeur des vagues, d'un coup de vent dans ce large océan de feuilles et de branches sur lesquels la lumière ondoyante d'un ciel traversé de nuées se pose délicatement.

Il fera beau demain. Les pommes de pin entr'ouvrent leurs écailles sur le sol sec et chauffé par le jour, la résine embaume. Des teintes bleues d'une douceur, d'une finesse charmantes colorent le fond des vallées. Les châteaux d'Ottrott, en pleine lumière, se détachent, nets et sanglants sur une toile qui s'estompe, se noie dans une brume d'azur. Ils ont gardé leur parure sauvage de lierre, de vigne vierge, de cornouillers, d'arbustes exubérants qui s'accrochent à leurs murs, envahissent les chemins de ronde et plantent sur le sommet des tours d'étranges veilleurs. Le tertre des châteaux est enveloppé de vieux châtaigniers robustes, encore verts malgré la saison avancée. Des Strasbourgeois, un groupe de jeunes filles en robes blanches sont assis sous leur ombre. La lumière d'automne prête à ce petit tableau sa magie, son exaltation féerique.

Au loin la plaine s'étend, blonde et dorée. L'air merveilleusement pur permet de distinguer plus de cent villages dont les toits brillent. Le soleil couchant en cisèle toutes les formes. On voit très loin ce soir, jusqu'à Strasbourg, jusqu'au delà du Rhin, vers la Forêt-Noire. L'Alsace est devant nous sous une large auréole. Au pied de la montagne, plongée dans l'ombre, s'allongent des traînes violettes. La crête des monts, hérissée de sapins, se profile à la chinoise sur un ciel immaculé, d'une couleur de pâle émeraude orangée, lac lumineux où monte un fin croissant de lune.

Les chemins sont déjà noirs. On n'y voit plus sous les sapins. Les rochers énormes que l'on frôle sur le plateau des Fées prennent une allure fantastique. Les oiseaux s'appellent tristement d'un cri unique et langoureux. Le froid se glisse entre les branches, le vent monte. On est heureux de retrouver les murs épais, tièdes, du couvent, les couloirs où voltige un parfum d'encens et les petites cellules suspendues sur l'abîme comme des nids d'hirondelles.

.•.

On a écrit sur Sainte-Odile toute une littérature. Le charmant couvent du sommet est en train de devenir une hôtellerie. Malgré tout Sainte-Odile m'émeut. J'y voudrais faire une cure de silence. Les sapins, les vallées sombres, vus d'une petite chambre monastique, ont une telle vertu apaisante. Ces matinées d'automne qui se délivrent avec peine de leurs voiles ont tant de charme. Le ciel est d'une couleur de perle. Un gris bleu léger, tamisé, poudre les horizons. C'est une atmosphère mystique où l'on imagine aisément, comme dans les dessins de Gustave Doré, des fées, des princesses et des anges. Tantôt on entend les sonnailles des troupeaux, tantôt c'est la rumeur des cloches qui monte de la plaine. L'air est pur. Tous les bruits se distinguent avec une netteté admirable. Les yeux des religieuses qui habitent là-haut ont une fraîcheur particulière. Quant à leurs chants d'église, ils sont immatériels, tendres, émouvants et j'ai écouté la grand'-messe, debout contre un pilier, ensorcelé par une voix de novice qui murmurait des antiennes.

Le beau calme dont on jouit à Sainte-Odile est une chose unique. Le matin, quand le soleil se lève sur la plaine d'Alsace, quand le vent, qui parfois entre-choque nos volets la nuit, s'apaise, tous les feuillages immobiles, tous les sapins debout sur la crête des monts attendent le rayon libérateur. L'aurore, pour la forêt, c'est la délivrance, la fin d'un mauvais rêve, des incantations et des fantômes qui rôdent dans les chemins obscurs. Les oiseaux s'éveillent, ils sont rares. Sainte-Odile est la montagne du silence. La brume des prairies monte du fond des vallées, la rosée scintille sur chaque feuille de lierre, chaque aiguille de sapin. Et l'on ne voit plus sur la plaine qu'un éblouissement d'or, de neige ensoleillée, de brouillard transparent à travers lequel monte, triomphant, sur la Forêt-Noire, le soleil qui éclaire l'Alsace.

Niedermunster est une vieille abbaye en ruine, que sainte Odile fit construire, à mi-côte du couvent, pour éviter aux pèlerins malades la fatigue de la montée. C'était une belle église romane dont il reste quelques vestiges, un arceau suspendu sur le vide, deux tours où les cloches ne sonnent plus. Les tombes des abbesses du douzième et du treizième siècle, portraits gravés dans la pierre, mains jointes, sont encore visibles. Mais plus éloquentes encore sont les sépultures où l'on ne voit qu'une croix sculptée, une crosse fleurie. La ruine, placée dans un fond de vallée, est un lieu de rêverie et de méditation. Avec quel sens de la nature, de la beauté des sites, les saints d'autrefois, les fondateurs de couvents plaçaient leurs abbayes ! L'accord mystérieux qu'un poète cherche entre un paysage et son âme, le silence, l'éternelle grâce et splendeur des lieux auxquels on s'attache, ils avaient trouvé tout cela. Ils fuyaient les villes où l'on s'oublie, ils gagnaient les cimes, les ravins, la solitude. Ce n'est pas qu'ils désertaient la lutte, mais la vie barbare ne leur apprenait plus rien. Dans le calme des bois, dans le recueillement de la campagne, ils retrouvaient le secret des vertus primitives.

Trottenhausen, au pied du mont Sainte-Odile, est une ruine que la famille de Turckeim entoure de soins et de piété. Jamais je n'ai vu de lierre plus vigoureux que celui qui pousse dans ces piliers romans. Les murs disparaissent sous un vêtement de feuilles. Ce n'est plus qu'une chapelle de verdure, une église entourée d'un essaim d'abeilles. Autour d'elle un jardin, à l'abri des vents, étale ses fleurs rouges, ses dahlias, ses sauges. La maison d'habitation est une ancienne métairie de l'évêché de Strasbourg. L'ensemble forme une résidence du meilleur goût. Un général retraité et victorieux pourrait achever là son existence, devant la plaine d'Alsace.

Force, ingénuité, courage et confiance dans ses propres desseins : c'est ce que disent les grandes lignes des montagnes solennellement tracées sur l'horizon, les forêts magnifiques du Hohwald où le soleil descend à travers les colonnes d'une cathé-

drale argentée, l'odeur enivrante des pins chauffés par une
après-midi d'automne, odeur d'encens et de résine, c'est ce
que disent sur les sommets les conciliabules des rochers gris,
qu'aucun hiver n'ébranle.

Par des sentiers feutrés d'aiguilles mortes et de mousse,
entre les basses touffes de myrtilles, de fougères, il est doux
d'errer sous la voûte des arbres. Noble séjour où les fées toujours jeunes de l'Alsace nous abordent, la rêverie sur le front.
Retour aux forces de la nature, aux émotions que soulève le
souvenir d'un passé lointain, le visage des grandes abbesses,
des guerriers francs, des évêques et des humbles religieuses
dont la vie s'est écoulée sur ce plateau, entre les travaux des
champs, la prière et les soins de l'hôtellerie. Retour aux
sources, à l'air pur des cimes, aux grandes courses à travers
la montagne d'où l'on revient délicieusement courbaturé, les
yeux emplis de visions merveilleuses. Retour aux origines, au
Mur Païen, élevé contre les barbares, à l'éternelle idée de
défense et de lutte. L'Alsace a la chance unique de posséder
encore ce point de ralliement qui crée à son peuple une foi
commune.

Comme les Grecs avaient leurs acropoles et leurs bois sacrés,
l'Alsacien monte à Sainte-Odile pour y retrouver sa patrie, sa
religion et la vue claire de sa destinée.

.˙.

Nous avons dit adieu au couvent, à ses couloirs qui sentent
les parfums d'Arabie, à son petit jardin claustral enfermé
entre quatre murs où fleurissaient, au pied de la statue de
sainte Odile, de magnifiques roses d'octobre que personne ne
cueillait. Quel endroit délicieux ! La vue est bien un peu gâtée
par les bâtiments en bois découpé et en tôle que les sœurs ont

cru devoir édifier pour satisfaire leur clientèle. Mais cette terrasse incomparable, ces aperçus sur la plaine d'Alsace, tremblante et ensoleillée dans les voiles du matin, noyée dans la brume du soir et dans l'ombre de la montagne, quelle merveille !

La chapelle ne date que du dix-septième siècle, mais elle est construite en grès rouge, d'un bon style, et la voix des religieuses y résonne bien. Ces voix fraîches nous charment. Nous y retrouvons une pureté surnaturelle, virginale. Les sœurs chantaient sans apprêt, sans chevrotement, posant leur mélodie avec une naïveté touchante et retenant leur souffle. Art timide, respectueux, l'art véritable, parce qu'il est tout près de l'émotion.

De petits événements retentissent dans cette maison de religieuses avec une résonance particulière. Elles ont si peu de distractions. Monseigneur de Trèves, Monseigneur Korum, un Alsacien, est venu passer deux jours au couvent. Pour lui on a sorti le trône épiscopal et le carreau de velours rouge. Il a prêché le dimanche à la messe avec une simplicité parfaite. Les sœurs parleront longtemps de ce beau sermon.

Quelques frères sont attachés à la communauté, laboureurs, garçons de ferme, domestiques. Ils revêtent le soir, pour le salut, l'habit de bure et la cordelière de saint François et viennent à la chapelle réciter les litanies. L'un d'eux est chasseur ; il parcourt le domaine du monastère et tue par-ci par-là des perdreaux, un lièvre, un chevreuil. Je le soupçonne d'être un peu braconnier et de profiter du voisinage des belles forêts du Hohwald. Il ne dit jamais quand il part en chasse, car les sœurs sont malignes et l'accableraient de quolibets s'il rentrait bredouille.

La parure du couvent, du côté de Niedermunster, demeure livrée à la nature qui se charge de bien faire les choses. C'est un enchevêtrement admirable de lierre, de vigne vierge, de jeunes érables, de sapins, de rochers qui défendent ce flanc de la colline. Les abeilles, les papillons viennent s'y poser. Tous les abords du monastère devraient conserver cette sauvagerie.

On a laissé heureusement debout les vieux tilleuls de la cour entourés de pierres levées. Furent-ils plantés par sainte Odile ? Personne n'en sait rien, mais leur feuillage en or qui s'égrène dans les journées d'automne fait le décor, l'ornement essentiel de cette terrasse.

Là-haut la vie a bien du charme. Les gens sont gais. Ils laissent en bas, dans la vallée, leurs soucis, leur mauvaise humeur. Les cornettes, les guimpes blanches des sœurs donnent à l'hôtellerie un aspect féodal. Les conversations à table roulent sur les promenades, les points de vue, les oiseaux, le gibier rencontrés. On n'y parle que français et les sœurs le parlent drôlement avec un joli accent alsacien. Quand, par hasard, un Allemand et sa digne compagne se fourvoient en cette compagnie, ils sont tout étonnés de se sentir dépaysés ; ils commandent à haute voix les sœurs en les appelant : *Fraulein*, ce qui les irrite (il faut dire *Schwester*) ; elles rentrent à la cuisine, mécontentes, et disent : « Un café, mais ça ne presse pas ! »

Quand le ciel est beau, c'est dans le couvent un bruit de volière : toutes les sœurs bavardent à la fois. Si une partie de la communauté part en pèlerinage, au retour quel concert, que de questions, que de choses à raconter !

Mais où nous les aimions surtout, c'est quand elles sortaient, le soir, une à une, franchissant les degrés usés d'un vieux portail, passant, ombres modestes, sous un fronton classique et se rendant à la chapelle. La cloche sonnait ; le son est pur sur ces hauteurs. Des cierges alignés en gradins lumineux brillaient au fond de l'église. Le vent soulevait des feuilles mortes sous leurs pas. Les dernières se hâtaient, craignant d'arriver trop tard pour la récitation du chapelet; elles se glissaient le long des murs comme un vol de ramiers que la nuit rassemble.

Ainsi, mêlés à la vie intime du couvent, nous finissions par en subir la règle.

.˙.

On rencontre des Alsaciens dans tous les coins du monde. Il n'est pas de race plus aventureuse, plus chercheuse de gloire. Les guerres du Premier Empire, où ils se signalèrent dans maintes batailles, ne sont pas une exception. Aujourd'hui, on les trouve dans toutes nos colonies. Maupassant s'attendrissait sur le nœud alsacien rencontré sous le soleil d'Afrique, dans un village aux abords d'Alger. Au palais de l'empereur de Corée, quand je le visitai, il y avait une Alsacienne chargée de la haute direction des cuisines de Sa Majesté : ministre de la bonne chère, préposée à la sécurité des mets, elle inspirait la plus grande confiance à toute la cour par ses talents culinaires et sa probité. Une anecdote fameuse raconte qu'un Alsacien, sur le point d'être dévoré par des anthropophages au cœur de l'Afrique équatoriale, s'écrie : « N'y a-t-il donc pas ici, pour me venir en aide, quelqu'un de Heiligenstein » ? Aussitôt l'un des cannibales se détache du rang, s'avance vers la victime, reconnaît son camarade d'école, l'embrasse et le tire d'un mauvais pas.

Mais après avoir couru les grand'routes, tenté la fortune, l'escarcelle plus ou moins garnie, ils rentrent tous au pays natal. Sainte-Odile revoit ces voyageurs bronzés par de lointains climats, qui remontent vers la source pure. Leur vie n'aurait pas de sens et manquerait son couronnement, s'ils ne l'ache-

vaient au milieu des leurs, à l'ombre des sapins sous lesquels
ils ont joué, enfants, dans l'atmosphère salubre et forte de
l'Alsace qui leur a communiqué son audace, son esprit de
conquête.

*
* *

« Ne te désole pas, disent les rochers du mont Sainte-Odile
au vieil Alsacien qui gravit, pour la centième fois, la colline
sainte. Nous en avons vu bien d'autres. C'est une habitude séculaire chez les Germains de passer le Rhin et de venir chercher ici
la douceur de vivre. Ne te désole pas. C'est une affaire de cinquante ans. Après ce laps de temps l'assimilation est faite,
pas celle qu'ils désirent, mais celle qui doit se faire, c'est-à-dire
qu'ils se fondent dans nos rangs, qu'ils pensent et agissent
avec nous. Ne te désole pas. Nous userons leurs souliers ferrés
et leurs alpenstocks. Nous en avons raboté bien d'autres. »

Les vieux rochers se taisent et les fougères, les bruyères,
les mousses, les tapis de trèfle velouté qui garnissent le dessous
des arbres, les pervenches et les violettes commencent à jaser :
« Respire et oublie toutes tes peines, disent les jolies plantes
de la montagne. C'est pour toi que nous fleurissons. Nous te
reconnaissons bien, va, nous ne te confondons pas avec les
graves touristes qui nous foulent aux pieds. Tu ne chantes
pas de tyroliennes dans les bois et tu ne pousses pas de cris
sauvages sur les ruines. Tu ne manges pas de saucisses dans les
clairières et tu n'écris pas ton nom ni celui de ta fiancée dans
l'écorce des arbres. Tu n'es pas lyrique et barbu, mais tu plai-
santes au fond des forêts, comme un troupier en marche, ce
qui ne t'empêche pas de sentir tout bas la beauté de nos sous-
bois. Passe-nous donc à ta boutonnière et si demain tu souf-
fres trop des tracasseries qu'on t'impose, rappelle-toi la belle
montagne où l'on est libre, où l'on échappe à leurs regards,

les sentiers où l'on croise l'ombre de sainte Odile, les rochers sur lesquels dansent les fées qui ne se montrent qu'aux vrais Alsaciens; rappelle-toi la douce solitude, le beau silence, l'ombre et la fraîcheur des sapins et la source que rien ne trouble, même la lèvre du barbare. »

CONCLUSION

Un officier en manœuvres demandait à une Alsacienne :
« Avouez que vous nous détestez, nous, les Allemands? —Mais
non, dit-elle. --Cependant, vous aimez mieux les Français ? —
Ah! pour ça, oui ! » Ce bout de dialogue résume, en une note
juste, les sentiments de l'Alsace.

L'Alsacien a toujours connu l'Allemand et il apprécie quelques-unes de ses qualités. Gœthe put séjourner à Strasbourg,
y entreprendre des études de droit, de jurisprudence et de
médecine, examiner dans ses recoins la cathédrale, manger
des cerises et des groseilles avec les filles des pasteurs alsaciens, faire avec Frédérique des promenades à travers la campagne ou sur l'eau, vers les îles du Rhin, dans ces belles matinées et ces soirées tièdes dont il goûtait le charme ; il put
danser sous les tonnelles de Haguenau des valses et des
pirouettes. Tout cela était possible au dix-huitième siècle quand
la vieille Allemagne sympathisait avec la patriarcale Alsace.

Mais la Révolution est survenue, transformant l'Alsace et lui
créant une noblesse militaire. Admis dans la grande famille,
ayant conquis au prix de leur sang de 1792 à 1815 sur tous
les champs de bataille d'Europe leurs grandes lettres de natu-
ralisation, les Alsaciens n'ont plus voulu être allemands. Ils
avaient trop souvent franchi le Rhin. La France leur avait
fourni trop de gloire. « Il n'y avait pas, dit Ségur, de meilleurs,
de plus généreux, de plus braves Français. » Et le maréchal

Lefebvre, présentant au premier Consul, en 1804, la députation du Haut-Rhin, disait : « Les habitants de cette frontière intéressante de la France ont donné, à toutes les époques, des preuves éclatantes de courage et d'attachement à la patrie; seuls ils ont arrêté les succès des Autrichiens qui, en 1744, avaient envahi l'Alsace, et dans la grande Révolution aucun département n'a fourni de meilleurs bataillons, aucun n'a supporté avec plus de constance et de dévouement les calamités de la guerre. »

L'amitié définitive fut scellée depuis Valmy, où Kellermann commandait; depuis l'Égypte, où Kléber éblouissait par sa force les mamelucks qui se souvenaient encore des guerriers francs; depuis Austerlitz, où Rapp se distinguait; depuis Dantzig, où le maréchal Lefebvre enlevait son duché à la pointe de l'épée; depuis la retraite de Russie, où Ney, Victor, Odinot, Grenier, tous les fidèles de l'Empereur, groupés autour de leur idole, veillaient sur lui, ralliaient les débris de la Grande Armée et faisaient le coup de feu à l'arrière-garde ou au passage de la Bérésina. Ceux qui revinrent de cette merveilleuse aventure, en racontant dans leur village les fatigues et les dangers de la guerre, inspiraient à leurs cadets le regret de n'avoir pas connu une époque aussi glorieuse. La nostalgie des honneurs conquis par des prouesses a tourmenté l'Alsace depuis lors. Ils conservent pieusement sous verre les uniformes, les galons, les épées, les drapeaux, les médailles, les reliques de ces vingt années où les Gaulois ont fait trembler le monde. Depuis 1815 ils ruminent une revanche. Les défaites de 1870, le bombardement de Strasbourg ont mis le comble à leur humiliation. Engagés volontaires dans des compagnies de francs-tireurs, continuant la guerre quand l'armistice était signé, comme cette admirable petite citadelle de Bitche que les négociateurs avaient oubliée, ils se sont vus livrés à l'Allemagne, à leur corps défendant, rançon de la défaite. Ils n'ont pas accepté la honte, ils l'ont subie, espérant que la France triompherait du malheur et les délivrerait.

Ils attendent, ils attendent toujours. Je ne sais quelle fierté leur murmure au fond du cœur que l'histoire de France n'est pas terminée et que les traités de 1871 et de 1815 seront un jour revisés. Ils attendent des jours meilleurs.

Sur les grand'routes d'Alsace, bordées de peupliers ou d'arbres fruitiers que la brise de la vallée du Rhin balance et remue sans relâche, une petite fille, cachée dans un pommier, reconnait le voyageur qui passe et lui crie, d'en haut, d'une voix claire et joyeuse : Bonjour, Français ! Les deux seuls mots qu'elle sache peut-être de notre langue, bannie d'Alsace et traquée par les maîtres d'école ! Bonjour, Français ! comme ce salut d'enfant retentit jusqu'au fond de nous-mêmes ! Bonjour, toi qui nous apportes la gaieté et le rayon de soleil, toi qui viens de la patrie dont nos parents ne parlent qu'avec enthousiasme, avec amour, toi qui viens du pays des jolies robes et de la Légion d'honneur !

Près de Wissembourg, sous une fenêtre à tabatière dont les vitres sont limpides et bien nettoyées, une vieille femme respire la fraîcheur du soir devant un pot d'héliotrope. Elle a ces beaux yeux que l'on voit en Alsace, calmes et qui se posent avec insistance. Très longuement elle regarde le voyageur. Une minute elle hésite. Puis, prenant son courage et fouillant dans sa vieille mémoire, elle crie à celui qui s'éloigne sur la route : Au revoir !

Menus incidents, chapelet de souvenirs cueillis comme les pâquerettes du fossé que j'ai voulu serrer entre les feuillets d'un livre. Si je pouvais persuader à quelques jeunes Français qu'ils se sentiront chez eux en Alsace et les engager à y aller voir, je n'aurais pas perdu ma peine.

Rien de plus réconfortant qu'un voyage en Alsace. Dans le concert d'éloges et d'adulations qui s'élève en Europe devant l'apothéose du colosse germanique l'Alsace ne fait pas sa partie. Elle déchante, elle sourit, elle rappelle au Français que sa place n'est pas dans le chœur des brûleurs d'encens.

Les Alsaciens, trempés par la lutte, ont conservé toutes les anciennes vertus françaises : esprit, bonne humeur, modération, plaisir d'agir, amour du combat et du succès. Les querelles désespérantes dans lesquelles nous nous alanguissons ne les touchent pas. Ils ont gardé, intact. leur culte pour leur vieille patrie; ils ont toujours foi en elle; ils ne souffrent pas un mot de blâme sur celle qui demeure l'objet de leur tendresse.

Que cette confiance, que cet optimisme triomphent donc de nos misérables disputes! Si la culture française remporte tous les jours en Alsace des victoires certaines, c'est que la France y est aimée, c'est qu'on y croit à son génie.

Au Français dénigreur qui trouve tout mal dans son pays je préfère le gardien du monument de Wissembourg, vieux soldat illettré qui répète, imperturbable, à tous les visiteurs cette phrase étonnante : « C'est par ici que passait Napoléon toutes les fois qu'il allait en Russie. » Celui-là ne doute de rien et il a raison.

TABLE DES CHAPITRES

FIN

Imprimerie de J. Dumoulin, à Paris.